U0005124

何南傑◎著

預防未老先衰與保養青春的按摩指導

無極氣功按摩術

晨星出版

CONTENTS

目 次

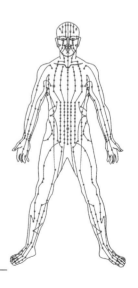

前　言

　　由於現代社會醫學、科技先進，人們對自身健康及養壽，有更深一層的渴求。

　　長壽為人人所嚮往，太極拳、氣功、按摩，一直以來是人們喜愛的幾個保健方法，此時又在一股世界潮流的推動下，成了時尚新寵兒。在東、西方的社會裡，我們可見為呼應現代人對健康更深刻的需求，凡一切有關保養健康的理論，古為今用，百花齊放，各顯所長；而相關著書，更如春草叢生，推陳出新，形成一股新的形勢。

　　總之，一個生命體要能延續茁壯，必定有一個適合它生存的條件。人之生命始於宇宙與地球的能量，生長於天地之間；若能知天數、合天地震宇之能量來調節生理，人自然能夠擁有一個健康的身體。研究怎樣把人類之能量與天地相接合，而形成天、人、地合的小宇宙或稱生物磁場，此種方法，即稱為「氣功」。

本書所講述的「氣功按摩」，其道理是依據黃帝內經靈樞中之一——『六經調者，謂之不病，雖病，謂之自己。』意謂：人全身的經絡若能調和通順，就不會生病；即使有不適之處，因為經絡循環是敞通的，各臟腑都能得到正常的氣血，它們之間的運作也會自己恢復正常，所以自己都會很快康復。

　　作者採用自然法的「無極氣功」，使天、人、地貫串成一氣，來加強人身上的「氣」（即生物電），並以強化生物電的手按摩經絡、疏導經絡，清瘀袪症，帶動「氣」在經絡中的循環，達到最佳健身養生效果。此法簡單易學而極為有效。

「無極氣功基礎運動」和「靜坐」的特色

修身

學習以心爲本，認識自我、內外兼修、動靜兼顧。

調心

淨心可使心放鬆，緩解思想上的壓力，增加觸覺靈敏度。

健身

外導內引，開啓全身關節、筋肌和經脈、活化細胞、延年益壽。

調身

一切順其自然，進入「無形無象，全身透空，應物自然境界」，使氣貫串全身。

防身

以無極式氣功爲基礎，外以三十四式的拳式結構爲輔，強身保健。

調息

呼吸法使血液充分的吸收氧氣與營養；使臟腑得到按摩，增加其功能。

真正的養生之道

養生之道及未老先衰之因

　　「養生」並非是現代人在忙碌生活中所追求流行的觀念，二千多年前的古藉「黃帝內經」素問第一篇上古天真論（注解），即論述上古時代人就已經很重視養生，並且懂得養生的道理和方法，不但能應用陰陽平衡的哲理來調節身體的失衡，還明白在飲食上要節制，在生活上要做到勞逸結合，不過份地操勞，消耗體力，所以不但能保持有健康的身體，同時精神飽滿，能活到百歲，自然無疾而逝。其中也提及到人未老先衰的原因，飲酒如水，縱情色欲，喝醉了酒還肆行房事，竭盡了精氣，耗散了生命中最寶貴的真元，不知道保持精氣充沛，不明白節省精神的重要性。只是為了貪圖享受一時的快樂，過度疲勞，平時生活作息不規律，而這一切都是違背了養生之道的原則，所以未過半百而衰。我們現代人應引以為戒。

　　現代人生活在高科技的時代，生活緊張忙碌，坐在電腦桌前，能知天下事，腳不出門，能買到你想要的一切東西，還能享受現代人的娛樂生活，因而形成作息時間

不規律，日夜顛倒，精疲力盡，耗盡了身體中的精氣，並傷害了真元，還忙於應酬，貪吃飽餐，平時又不注意運動，體態臃腫，或盲從時代風髦，節食瘦身，身體得不到所需之營養，加上超負擔量運動，日久形成病態狀瘦身，不但搞垮了自己的健康，還錯誤地以為得到了健康。

人形之五行相

　　人之生命稟受於父母先天之基因，內外形質各有別異，所以體態有水、火、土、木、金五行，瘦胖長矮之分；就如同五指有粗細中長短之別。既然人不是機械製造成的統一規格化的產品，若要每一個人追求現下流行的瘦身形體，是不符合生理及遺傳學的邏輯。

　　身體健康之指標，不是取其外形，而是視內在機能狀態。過於肥胖或過於瘦弱，從醫學角度來衡量，都是一種病態。肥胖危及健康，人人皆知，過度瘦弱也同樣是危害健康之大敵，悉知之人較少，或許多人明知故從。要知道臟腑得不到所需要營養物，會引起機能失調，隨之免疫力下降，抵抗力薄弱，容易感受各種疾病，進而造成厭食，貧血、腦記憶力下降，女性更容易罹患骨質疏鬆症、不孕症。身體內缺少應有的脂肪，易引發胃、腎、子宮等內臟下垂；外形上，會出現皮膚鬆弛，形態憔悴。諸多疾病，一發不可收拾，嚴重者亦能危及生命。

營養攝取的正確觀

維持人之生命，需要五種基本營養成份：蛋白質類、維生素類、礦物質類、脂肪類、澱粉類與水份，相互之間有一定的比例。健康之飲食法，每天所需之量份，因依據本人體形與體力消耗量來計數，不然，長期而言，會出現營養不良或營養過剩狀況，兩者對健康都會造成傷害。所以飲食營養之均衡，對健康有很大的影響。

人的體質各有別異，一定要針對各人體質來檢視營養與飲食均衡攝取。現今食品營養科技發達，對於健康食品的研發和重視，日新月異。然而在吸取百家資訊的同時，請千萬記得對自己身體做審視的工作，尋求適合自己體質的保健方子。切忌盲從跟風，反求其害。

我們不但有前人的通病，有又現代人的新病，所以保健成為現代人迫切需要之課題。

注解：

黃帝内經・素問・上古天真論篇第一篇「上古之人，其知道者，法於陰陽，和於術數，食飲有節，起居有常，不妄作勞，故能形與神俱，而盡終其天年，度百歲乃去。今時之人不然也，以酒為漿、以妄為常，醉以入房，以欲竭其精，以耗散其真，不知持滿，不時禦神，務快其心，逆於生樂，故半百而衰。」

無極氣功按摩的效用

按摩理論之依據

「六經調者，謂之不病，雖病，謂之自己也」

黃帝內經‧靈樞‧刺節眞邪 第七十五篇

　　此文在敍述人體中的手足三陰經與手足三陽經，此六經能保持氣血暢通是一位健康者。如果有時感到不適，也不屬於病，無需治療，此六經會自己調節平衡，恢復健康。

　　因爲經絡暢通五臟六腑與器官組識之間的氣血供應得到保證，機能運作正常，當然就沒有病。

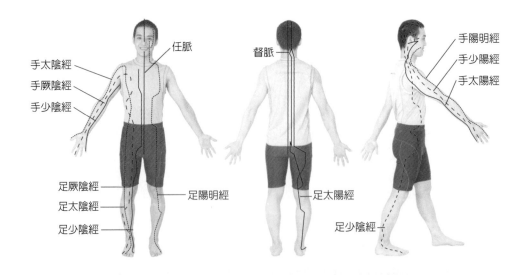

手足三陽經與手足三陰經

「人有八虛，以候五臟。」

「肺心有邪，其氣留於兩肘；肝有邪，其氣留於兩腋，。脾
有邪，其氣留於兩髀；。腎有邪，其氣留於兩膕。」

黃帝內經・靈樞・邪客 第七十一篇

　　　說明人的兩肘窩、兩腋窩、兩胯窩、以及兩膝後窩，
這些沒有受到骨骼保護的軟檔，是人體之空虛部位，也就
是關節與臟腑健康之門戶。這些部位，均是關節的內室，
不僅是血絡游動之要道，也是真氣必經之處，所以病氣惡
血絕不可在此留駐。一旦真氣虛弱，流經不至關節之內
室，病血惡氣即會趁虛瘀積，使筋絡骨節受到損傷，關節
不能屈伸，並會傷及臟腑影響健康。

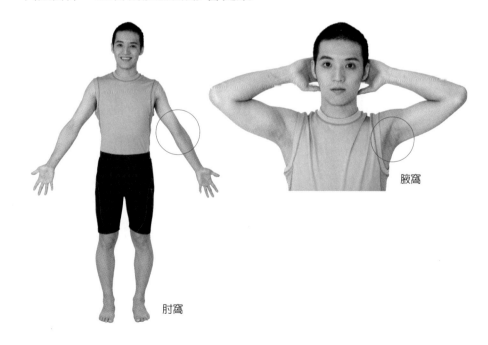

腋窩

肘窩

「肺心有邪，其氣留於兩肘。肝有邪，其氣留於兩腋。脾有邪，其氣留於兩髀。腎有邪，其氣留於兩膕」。平時經常按摩這八個部位，保持氣血暢通，病氣惡血無機可乘，無門可入，不但能使關節保持最佳狀態，還能直接能起到保護五臟的作用。

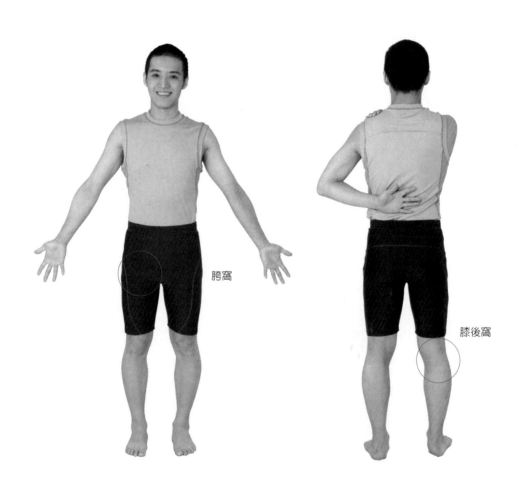

胯窩

膝後窩

　　所以，按摩就如同在做經絡與氣室的清掃工作。自我按摩即依此為理論，而構成一套保健法。並結合自我四十餘年的按摩經驗而編寫。其目的即透過幾種非常簡單又容易掌握的手法，根據中醫學循「六經」的走向，以順則洩、逆則補的原則，幫助調理經脈，維持「六經」氣血暢通，達到「治未病」、「扶正祛邪」，「平衡陰陽」防治疾病的自我保養與預防醫療法。使人人保持有一個健康的身格。

補充說明：

循環系統主要包括血液循環、組織液循環、淋巴循環和腦髓液循環。

兩肘、兩腋、兩髀、兩膕按摩步驟：

一、肺心有邪，其氣留於兩肘。　　二、肝有邪，其氣留於兩腋。

　　動作：按摩內肘三十六次。　　　　動作：按摩腋三十六次。

三、脾有邪，其氣留於兩髀。

　動作：按摩兩髀三十六次。

四、腎有邪，其氣留於兩膕。

　動作：按摩兩膕三十六次。

準備按摩

　　無極氣功按摩是保養青春的方便法門，它的理論簡明、手法簡單、操作簡易、而行之有效，非常適合忙碌的現代人。但是不管你有沒有練無極氣功，書中所教的按摩法，對於沒有氣功基礎的人，都可以做，不用擔心一定要馬上學會氣功，只要平日一步一步慢慢地學習，但是按摩是可以立即上手的。原則上，以無極氣功為輔，按摩的效果會更佳。

　　本書介紹的「無極氣功按摩術」，是一套動、靜相濟的最佳保健法，包括：
一、舒展經絡與關節的無極氣功健身操。
二、取自太極拳的無極氣功。
三、自我經絡按摩術。

　　首先做舒展經絡與關節健身操，休息片刻，練無極氣功，待全身經過氣的能量補充後，以自我按摩經絡調和氣血收功。每日做一次，**早晨起床梳妝前是效果最佳的演練時機**。收功後神清氣爽、耳聰目明、肢體輕靈，使我們一天中精氣神飽滿，活力充沛。**「無極氣功按摩術」**更能使體質病弱者的身體狀況在短期內得到助益，心靈上安定踏實俱增信心。

　　為了讓讀者對人體生理、病理變化之因有所瞭解，以及增進對按摩經絡與氣在體內運行方向的認識，筆者特別用中醫學的角度淺易講釋氣血與經絡、經絡與臟腑、臟腑與五行之間的關係，以求正確的養生保健。

常見問題集：

問題：在什麼環境下按摩？穿什麼樣的衣服做會更好？

回答：自我裸體按摩最正確，所以最好是在臥室裡，時間可選在起床後，未換裝以前。

問題：如何保持放鬆和呼吸？

回答：放鬆是緊張的反面，找到了緊張一面，解除緊張，就能呈現放鬆的現象。

問題：按摩的力道？

回答：使力適中，使按摩所到之處，有熱感。

問題：大概要做幾分鐘？

回答：按摩以次數計算，而不是時間。

問題：按摩的順序？

回答：從頭開始至腳。

第一部 基礎理論

後[

強間

玉[

腦戶

風[

膀胱經

膽經

督脉

小腸經
三焦

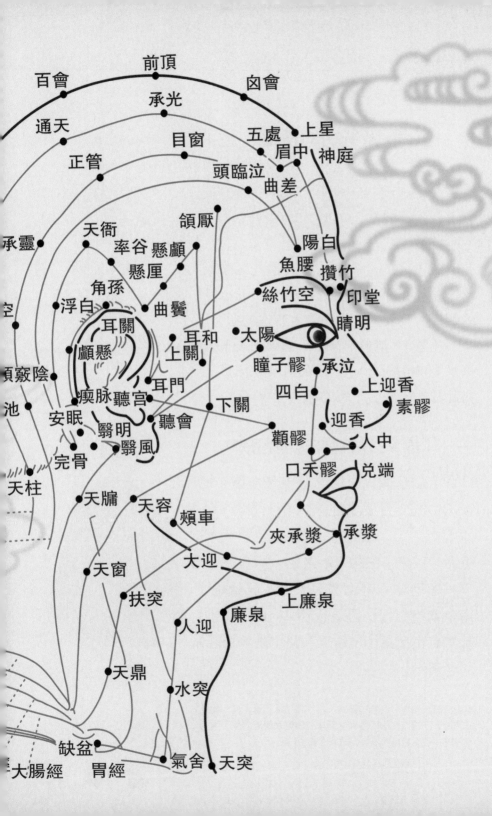

第一章 無極氣功與按摩

「人以天地之氣生」，「天地合氣命之曰人」。

黃帝內經・素問・寶命全形論篇 第二十五篇

敘述人的生命是依靠天地之氣來維持的，天地兩氣相合，才產生了人。古人在數千年前已瞭解氣與人生命之間的關係，及其對人生命的重要性。

「氣」，無形無象，在當時沒有科學知識，沒有任何儀器探究的情況下，能對宇宙、地球自然形成生命之源，有如此認知是件了不起的偉大發現。

一、「氣」──一種能量的名稱

百會

丹田

宇宙是個大磁場，罩蓋著地球，地球是宇宙中的一份子；地球也有一個磁場，南北兩極。「人以天地之氣生」，「天地合氣命之曰人」中的天地之氣，指的應該是宇宙與地球的電磁波。人之本身就是一個生物電磁場。因為人體中的每個細胞都帶有正負電極。所以「氣」是一種能量的名稱。

兩腳分開，保持一橫腳之間距，兩手臂自然下垂，掌心朝腿，同時地氣即陰氣從腳底向上，沿大腿內側會集於會陰，再向上至丹田。宇宙之氣即陽氣從頭頂百會至丹田。

二、氣功－增強人體之能量的方法

「天地合氣命之曰人」

生活在天地之間的人，必需與天、地貫串在一起。才形成生命。古人把這道理歸納成；「天、人、地合」定理。也給追求「氣功」者，一個入門鑰匙。

從上推理可明確地看到三者之氣，對比之下，居中之人「氣」，是弱者。「蓋天履地」，這是由於人依靠天、地之氣生存的緣故。人生活在宇宙與地球之間，所以宇宙、地球是人生命生存之基礎環境。

先有了基礎生存環境，保證生命繼續延伸，依次再來論及與健康有關的問題，「空氣」、「水」、「食物」是否遭污染等等，跟隨而至的種種有關維持身體健康問題，有了健康的身體，生活的品質才能提昇，快樂地享受人生。

人是一個有機能結構的整體，要加強人體中的氣，必需先瞭解「氣」是怎樣存在於人體中，以及它對人體的影響與作用。人瞭解「氣」對健康的重要性，於是想盡辦法要加強它的效能。歷經千年，衍生出很多種練氣的功法。但萬事不離根本，其根本目的；在先求天、人、地合，也就是練氣功首要的一步。

「經絡」是氣在人體中的通道。「氣功」即是依據人體中的「經絡」與「腧穴」，使用幾個手法，接連天、地之氣，自然地與人體之氣貫串成一體的一種方法。透過利用它們的強波，調節並且強化人體之氣。

中醫學就是依據「氣」在身體內的運行情況，來診斷

身體的健康狀態，也利用「氣」來治療疾病，同時也證實了氣的存在與作用。

「經絡」敞通，氣血循環無阻，就是一位健康者，因為身體內外各部份，都能得其所需之營養，身體機能運轉有了保障，當然就是一位健康者。所以為了達到此目的，中醫使用不同手法，包括；針灸、推拿、按摩與草藥，施法於經絡與腧穴；加強氣在經絡中的循行或調節其不平衡之處，使弱者，恢復失去之健康，使健者更強壯。

總之，每個人都有「氣」，循行於體內之「經絡」；有些人能感覺到它的存在，而有些人卻對氣一點感覺都沒有；問題在於沒有靜下心來去體驗它的存在。就如同我們生活在空氣中，空氣裏抱著我們，在一般的情況下，卻感覺不到周圍有空氣的存在。若試著坐在一輛沒有啟動的汽車內，把手臂伸出窗外，手心向前。當車慢慢加速時，手臂就會隨著加速度；不但感覺到它的存在，還能體驗到它的質感，這是一個很實際的現象。平時常伸出手來摸摸空氣，細心地體驗一下空氣的感覺、「無中生有」的哲理。不但可以幫助你靜下心來，同時也可讓皮膚恢復其原擁有的觸覺敏感度。

三、「心身合一」－天、人、地合的門檻

　　中醫學中的經絡學、中草藥、氣功都產生在幾千年前，那年代人的生活比較單純，身體對內外的感應也就變得敏感；當與某種植物擦身而過時，植物所放射的能量－氣，對身體中的某經絡發生了影響。經過長期的探索與實踐，歸納成中草藥學。這種腦部與身體合作相連的關係即為稱「心身合一」。

中藥經過幾千年的臨床使用，其藥效已得到了充分的證明。

四、怎樣才能做到「心身合一」、「天人地合」

　　一般俗人常為了繁忙的生活，大腦中裝滿了都是生活中的種種事物，有些還要應付科技領域日異月新所帶來無形的壓力。所以大腦根本少有空間解讀自己身體傳送的訊息，無法達成「心身合一」，就無法自己來協調身體的陰陽平衡，更無法體會原本已存在於生命裏的氣，也就無法使「氣」變得更強。

　　修行者主重修心，對「氣」於生命的重要，比俗人有更深一步的認識，他們在思想與行為上單純化，使腦部有空間去接納身體外層皮膚的感應，以及內在經絡臟腑器官組識的訊息，並且加以分析與處理，達到「心身合一」的境界，自然地與天地之氣合一，修補自身健康不足之處。

五、按摩的作用在於疏通經絡

使氣血循環不受阻塞，能起到防治疾病作用，健康才有保障。

六、鍛練無極氣功之初步概要與方法

「心身合一」雖然是氣功的初步階梯入門鑰匙，但一般沒有接觸過無極氣功的人，如何去接觸此門，如何去體為氣與生命之間的微妙關係？「身」，指身體包括：內部的臟腑器官組織結構，外部包括；骨骼、關節、肌筋、皮膚等組織。「心」，指所有感覺傳送至大腦的感應。「身心敏感度」即「心身合一」之代言，也就是我們要提昇的目標。而自我鍛練「身心敏感度」則應該從以下幾點作參考：

一、誠心自省，面對自我。對於任何感覺，請嘗試以寬懷的心去體會。

二、生活觀想（內視）：一般「觀想」多用在禪坐或靜坐之中，也應該用在日常生活中。

比如：走路時，我們若能用心地去「看」腳，「觀想」腳的結構與關節在運動時的狀態，來建立其於與大腦的連繫。進而既感性又理性地控制與應用肢體關節，不再是一味地遵循（習慣）擺佈。日常生活中習慣性的勞動，動作都建立在某一角度的關節運用，**經年累月，變成一種反射動作**，這就是我們提昇「身心敏感度」的致命傷。藉由

「內視」或「觀想」的反覆練習，累積對自我身體結構運作的體會，不知不覺地，我們又朝「心身合一」跨前了一步。

請記得，「心身合一」是開啟練氣的門檻，又是無極氣功之本。以上這二個要點即是最簡單而又實際的「心身合一」之法。而在鍛練「心身合一」的同時，我們需要配合無極氣功的練習。

「無極氣功」又稱無極站樁氣功，始源於太極拳中的第一式「無極式」之內涵。

「無極式」即此式始於陰陽未分。隨之，無中生有，靜極生動，動則生變，陰陽分；動極又生靜，內外相生。利用人體中的經脈與腧穴，自然地接連天地之氣，氣帶動身，身帶動氣，形成天人地合，生生不息的循環。

第二章 人體中的「氣」

人體中的「氣」可分為元氣、宗氣、營氣與衛氣，都各具有自己的特性與功能。

「元氣」即真元，又稱原氣或真氣。是人體各氣中最重要的一種。它源自於腎中之精氣，稟於父母之精，需要後天的精氣，來彌補滋養其在生活中之損耗。它貫通全身，內至臟腑，外達肌膚，無處不至是人生命活動的原動力。原氣充沛，精神即飽滿，健康而無病，若先天不足，又得不到後天修補，則會影響其身體發育，並會產生種種病變。

「宗氣」是由肺吸入之清氣與水穀經過脾胃運化後產生之氣，結合而成，聚集於胸中。其功能是推動呼吸，與心血的運行。而且與視覺、聽覺、語言等都有關係，所以「宗氣」又稱「動氣」。

「營氣」主要由水穀經脾胃消化後，營養物質，生化而成。分佈於血脈之中，成為血液組織中的一部份。運行於經脈，主輸送營養至五臟六腑，遍及全身。由於營氣與血同行於經脈之中，不可分離，故有「營血」之稱。

「衛氣」主要由水穀之氣生化，是人體中陽氣的一部份，又有「陽衛」之稱。

　　它的性質慓悍滑疾，外主護衛肌膚，調節體溫，滋潤皮毛，抗禦外邪入侵。內主溫煦臟腑。它的運行不受經脈管道的約束，循運於經脈之外，遍及全身。

　　總而言之，氣生成的強衰與先天條件和後天補益有絕對的關係。因此先天不足，後天可補，最怕的是：先天不足，後天又失調，會造成終身之遺憾。

元氣
貫通全身，是人生命
活動的原動力

宗氣
推動呼吸，與心血的
運行

營氣
與血同行於經脈之
中，不可分離

衛氣
主護衛肌膚，調節體
溫，抗禦外邪入侵

第三章　經絡之概念

經絡之概念

一、功能

　　「氣」是一種能量，它在人體裏循行的軌道為「經絡」，是「無影有**形**」地隱循於肌肉內，因為不可見，所以不容易讓一般人理解。

　　它是人體中氣血的通道，宛如交通網，把五臟六腑、四肢百骸、五官九竅、皮肉筋脈等組織器官連結成一個有機能的體制，並輸送氣血至人體各部位，其運行狀況之好壞，於人的生命與健康具有相當重要的影響。如果經絡通暢，則身體各部氣足血旺，不僅能使疲勞易快速消逝，還可長保青春活力。如果輸送氣血的通路阻塞，則會顯現精神萎靡，形體早衰，百病叢生。

　　經絡可分為「經」與「絡」兩部份。

　　「經」分為正經與奇經兩部份。是身體中的主幹路線，把五臟六腑連結在一起。

　　正經：有十二經：即手三陰經、足三陰經及手三陽經、足三陽經等。合稱「十二經」。

　　奇經：不同於正經的功能，所以使用「奇」字來區別。督脈、任脈、衝脈、帶脈、陰維脈、陽維脈、陰蹺脈、陽蹺脈等共有八脈，俗稱「奇經八脈」。

　　「絡」宛如小巷，是「經」的分支，把各經脈蛛結成一個縱橫交錯的網絡，遍絡全身，無處不至。

　　「絡」可分別絡、浮絡、孫絡、三類。

　　別絡：是三類中較大的一支。十二經與任、督兩脈，都各擁有一支自己的別絡，其功能是加強陰陽、表裡兩經之間的連繫與調節作用。另再加上一支「脾」之大絡，合稱「十五別絡」。

　　浮絡：是浮行於淺表部位的絡脈。

　　孫絡：則是絡中最細小的。

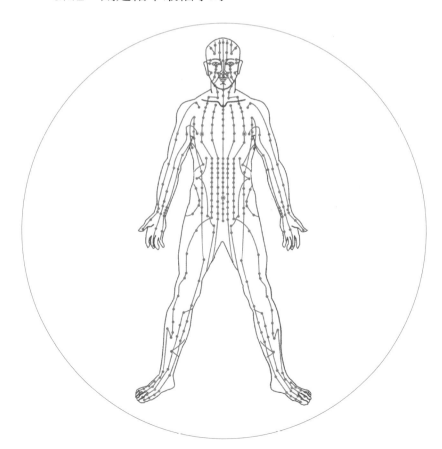

二、「十二經」氣血循環之運行順序為：

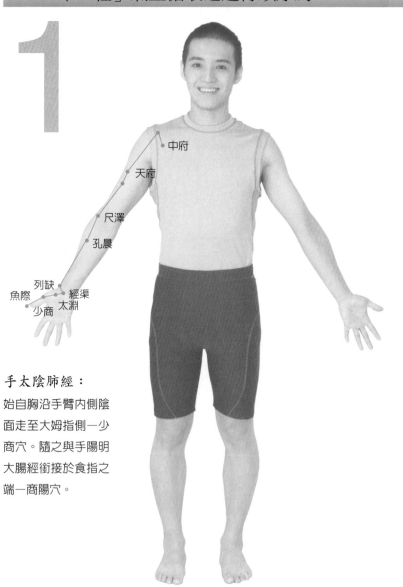

1

中府
天府
尺澤
孔晨
列缺
魚際　經渠
太淵
少商

手太陰肺經：
始自胸沿手臂內側陰
面走至大姆指側—少
商穴。隨之與手陽明
大腸經銜接於食指之
端—商陽穴。

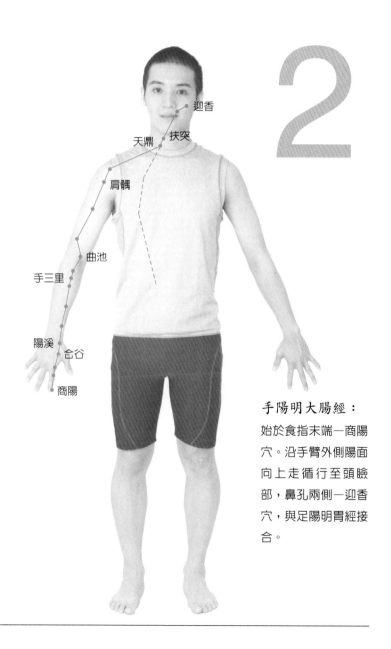

手陽明大腸經：
始於食指末端－商陽
穴。沿手臂外側陽面
向上走循行至頭瞼
部，鼻孔兩側－迎香
穴，與足陽明胃經接
合。

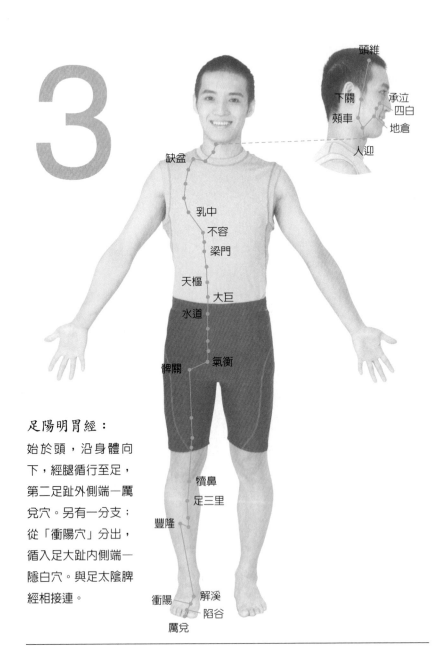

頭維

下關　　承泣
　　　　四白
頰車　　地倉

缺盆　　　　　　　人迎

乳中
不容
梁門

天樞　　大巨

水道

髀關　　氣衝

足陽明胃經：

始於頭，沿身體向
下，經腿循行至足，
第二足趾外側端―厲
兌穴。另有一分支：
從「衝陽穴」分出，
循入足大趾內側端―
隱白穴。與足太陰脾
經相接連。

犢鼻
足三里

豐隆

衝陽　　解溪
　　　　陷谷

厲兌

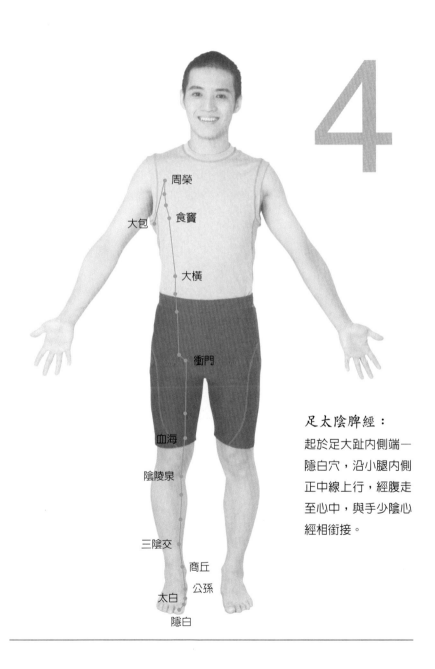

周榮

食竇

大包

大橫

衝門

血海

陰陵泉

三陰交

商丘

公孫

太白

隱白

足太陰脾經：
起於足大趾內側端─
隱白穴，沿小腿內側
正中線上行，經腹走
至心中，與手少陰心
經相銜接。

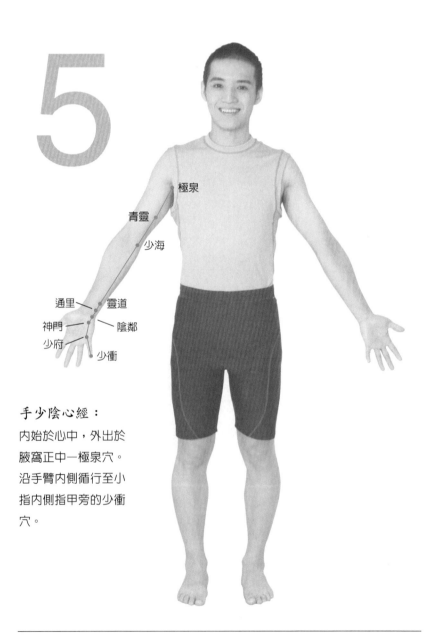

極泉

青靈

少海

通里　靈道

神門　　陰鄰

少府

少衝

手少陰心經：
內始於心中，外出於
腋窩正中—極泉穴。
沿手臂內側循行至小
指內側指甲旁的少衝
穴。

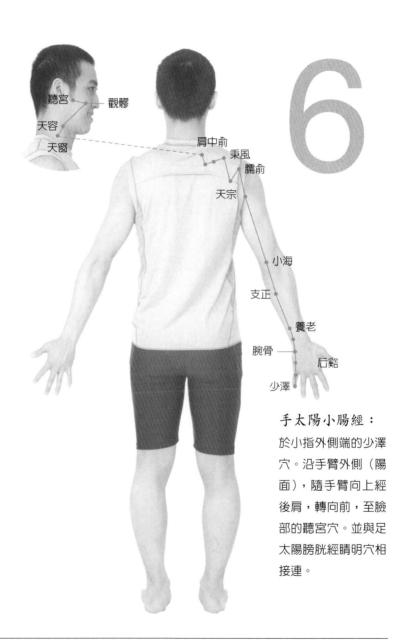

手太陽小腸經：

於小指外側端的少澤
穴。沿手臂外側（陽
面），隨手臂向上經
後肩，轉向前，至臉
部的聽宮穴。並與足
太陽膀胱經睛明穴相
接連。

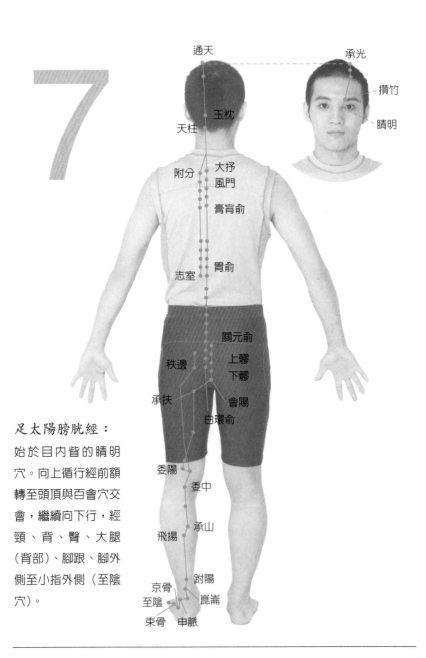

足太陽膀胱經：
始於目內眥的睛明
穴。向上循行經前額
轉至頭頂與百會穴交
會，繼續向下行，經
頭、背、臀、大腿
（背部）、腳跟、腳外
側至小指外側（至陰
穴）。

通天 承光 攢竹 睛明
玉枕 天柱 附分 大抒 風門 膏肓俞 胃俞 志室 關元俞 秩邊 上髎 下髎 承扶 會陽 白環俞 委陽 委中 承山 飛揚 京骨 至陰 束骨 申脈 跗陽 崑崙

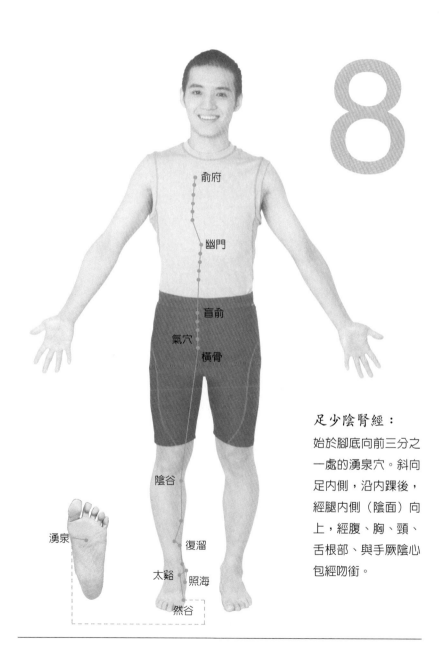

俞府

幽門

肓俞

氣穴

橫骨

陰谷

復溜

太谿　照海

然谷

湧泉

足少陰腎經：
始於腳底向前三分之
一處的湧泉穴。斜向
足內側，沿內踝後，
經腿內側（陰面）向
上，經腹、胸、頸、
舌根部、與手厥陰心
包經吻銜。

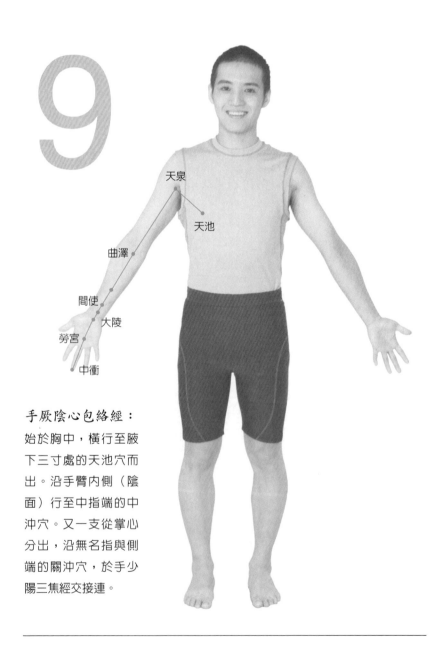

9

天泉

天池

曲澤

間使

大陵

勞宮

中衝

手厥陰心包絡經：
始於胸中，橫行至腋
下三寸處的天池穴而
出。沿手臂內側（陰
面）行至中指端的中
沖穴。又一支從掌心
分出，沿無名指與側
端的關沖穴，於手少
陽三焦經交接連。

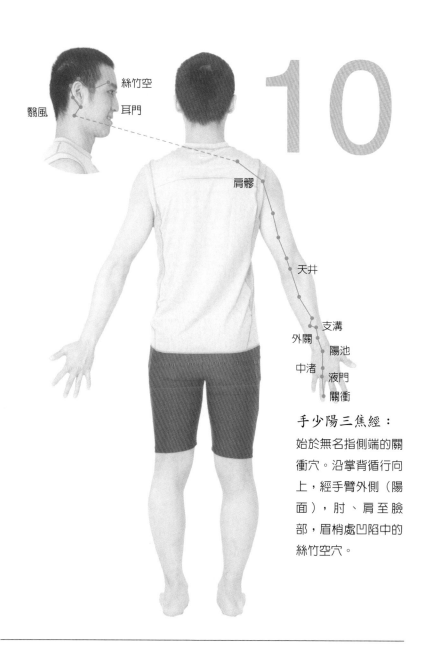

絲竹空
耳門
翳風
肩髎
天井
支溝
外關
陽池
中渚
液門
關衝

手少陽三焦經：
始於無名指側端的關
衝穴。沿掌背循行向
上，經手臂外側（陽
面），肘、肩至臉
部，眉梢處凹陷中的
絲竹空穴。

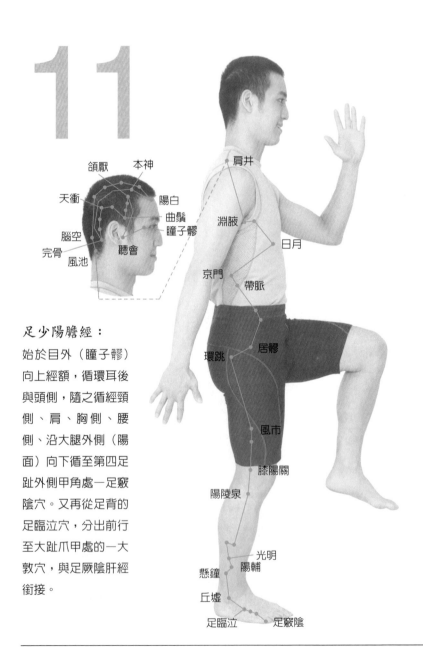

11

頷厭　本神

天衝　　　陽白

　　　　曲鬢
腦空　　瞳子髎

完骨　聽會

風池

肩井

淵腋

日月

京門　帶脈

環跳　居髎

風市

膝陽關

陽陵泉

光明
　　陽輔
懸鐘

丘墟

足臨泣　足竅陰

足少陽膽經：

始於目外（瞳子髎）向上經額，循環耳後與頭側，隨之循經頸側、肩、胸側、腰側、沿大腿外側（陽面）向下循至第四足趾外側甲角處—足竅陰穴。又再從足背的足臨泣穴，分出前行至大趾爪甲處的一大敦穴，與足厥陰肝經銜接。

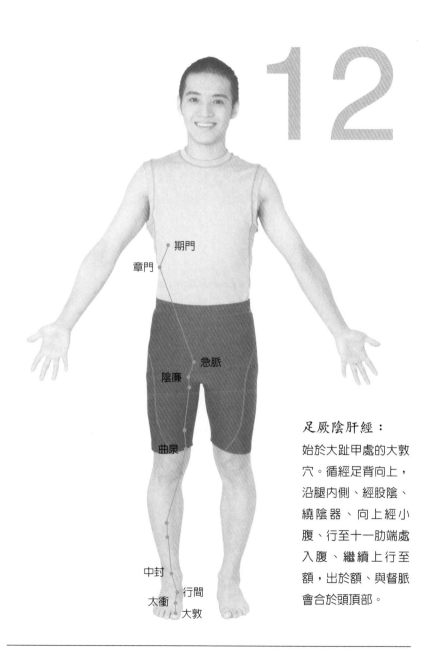

12

期門
章門
急脈
陰廉
曲泉
中封
行間
太衝
大敦

足厥陰肝經：
始於大趾甲處的大敦
穴。循經足背向上，
沿腿內側、經股陰、
繞陰器、向上經小
腹、行至十一肋端處
入腹、繼續上行至
額，出於額、與督脈
會合於頭頂部。

三、十二經絡的走向

　　把兩手臂向上直舉，指尖朝天，手掌心向前方，與身體形成一直線站立。如此，就能很容易地看到人體經絡的陰陽走向：手足三陽經，天屬「陽」，由上向下行。而手足三陰經。又因為地屬「陰」，由下向上走。對經絡有了基本的概念，以便於正確地作自我按摩。扶正體內的陰陽平衡、袪病強身，有益於健康。

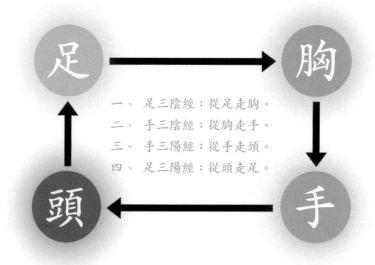

一、足三陰經：從足走胸。
二、手三陰經：從胸走手。
三、手三陽經：從手走頭。
四、足三陽經：從頭走足。

四、奇經八脈

　　奇經八脈：顧名思義，以下八脈的功能不同於前述的十二正經的功能，所以用「奇」即「異」來區別其之不同。督脈、任脈、衝脈、帶脈、陰維脈、陽維脈、陰蹻脈、陽蹻脈、合稱奇經八脈。

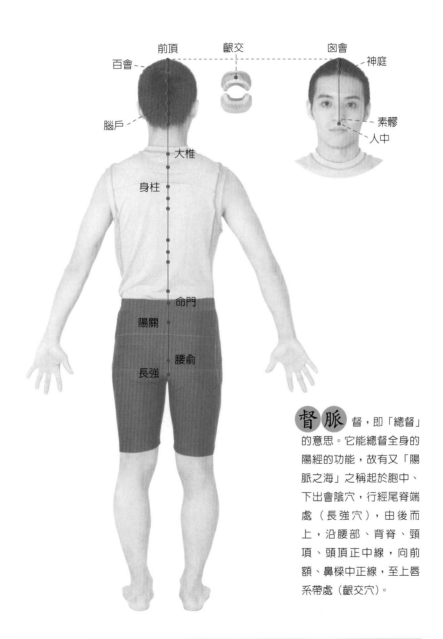

督 脈 督，即「總督」的意思。它能總督全身的陽經的功能，故有又「陽脈之海」之稱起於胞中、下出會陰穴，行經尾脊端處（長強穴），由後而上，沿腰部、背脊、頸項、頭頂正中線，向前額、鼻樑中正線，至上唇系帶處（齦交穴）。

任 脈 任，即「擔任」
的意思。能「任坦」一身
之陰經，故有「陰脈之海」
之稱。「任」，對女性還
有「妊育胎兒」的意思。
下出會陰穴，向前上行經
恥骨，沿腹部、胸部、頸
部正中線、到達下唇內，
環繞口唇，上至齦交，分
左右兩行向上，至兩目眶
下（泣穴）。

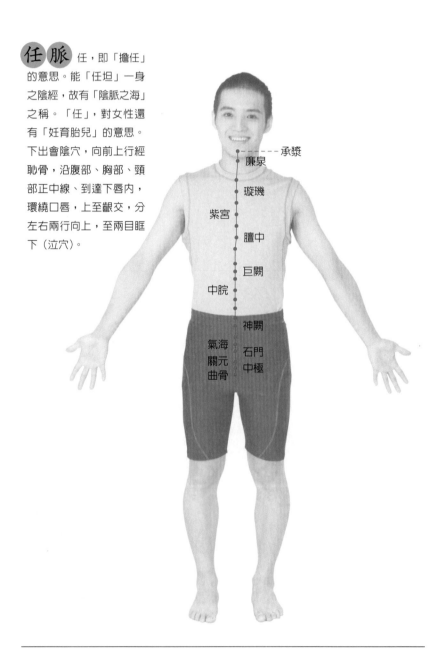

承漿
廉泉
璇璣
紫宮
膻中
巨闕
中脘
神闕
氣海
關元
曲骨
石門
中極

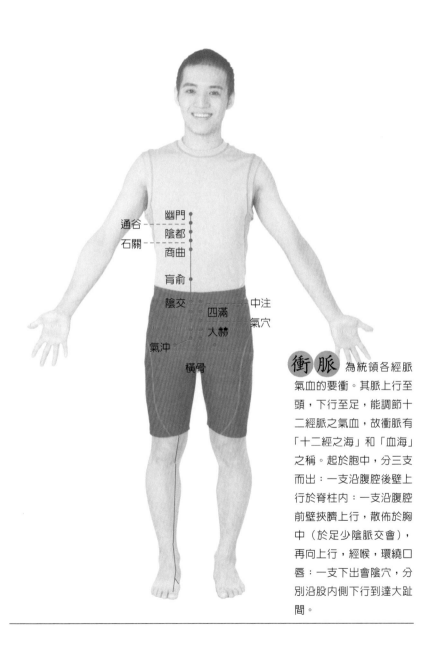

通谷
幽門
陰都
石關
商曲
肓俞
陰交
四滿
中注
氣穴
大赫
氣沖
橫骨

衝脈 為統領各經脈氣血的要衝。其脈上行至頭,下行至足,能調節十二經脈之氣血,故衝脈有「十二經之海」和「血海」之稱。起於胞中,分三支而出:一支沿腹腔後壁上行於脊柱內:一支沿腹腔前壁挾臍上行,散佈於胸中(於足少陰脈交會),再向上行,經喉,環繞口唇:一支下出會陰穴,分別沿股內側下行到達大趾間。

46

帶脈 起於季肋部，
斜向下行到帶脈穴，繞腰
一周，有如一條束帶。顧
名思意，它能約束諸脈，
所以有「諸脈皆屬於帶」
的說法。

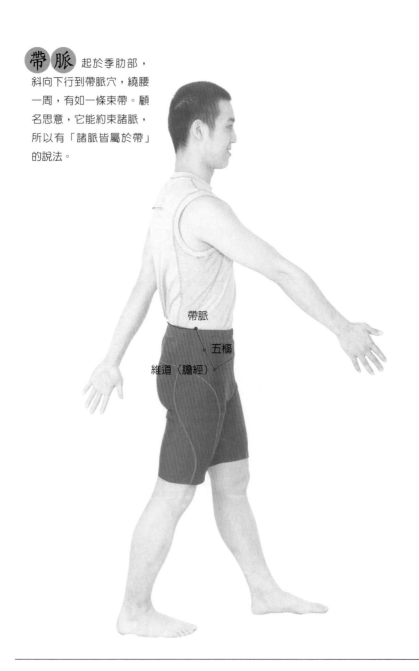

帶脈

五樞

維道（膽經）

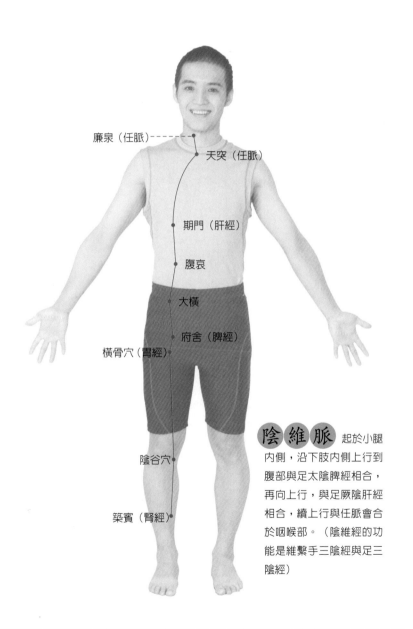

廉泉（任脈）------
天突（任脈）
期門（肝經）
腹哀
大橫
府舍（脾經）
橫骨穴（胃經）
陰谷穴
築賓（腎經）

陰 維 脈 起於小腿內側，沿下肢內側上行到腹部與足太陰脾經相合，再向上行，與足厥陰肝經相合，續上行與任脈會合於咽喉部。（陰維經的功能是維繫手三陰經與足三陰經）

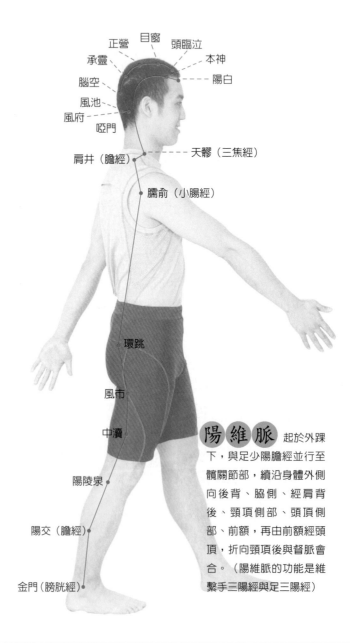

正營　目窗　頭臨泣

承靈　　　　　本神

腦空　　　　　陽白

風池

風府

啞門

肩井（膽經）　　　天髎（三焦經）

臑俞（小腸經）

環跳

風市

中瀆

陽陵泉

陽交（膽經）

金門（膀胱經）

陽維脈 起於外踝下，與足少陽膽經並行至髖關節部，續沿身體外側向後背、脇側、經肩背後、頸項側部、頭頂側部、前額，再由前額經頭頂，折向頸項後與督脈會合。（陽維脈的功能是維繫手三陽經與足三陽經）

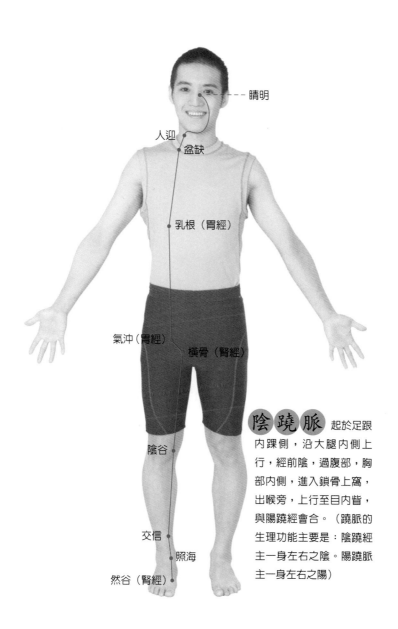

睛明

人迎
盆缺

乳根（胃經）

氣沖（胃經）
橫骨（腎經）

陰谷

交信
照海

然谷（腎經）

陰蹻脈 起於足跟內踝側，沿大腿內側上行，經前陰，過腹部，胸部內側，進入鎖骨上窩，出喉旁，上行至目內眥，與陽蹻經會合。（蹻脈的生理功能主要是：陰蹻經主一身左右之陰。陽蹻脈主一身左右之陽）

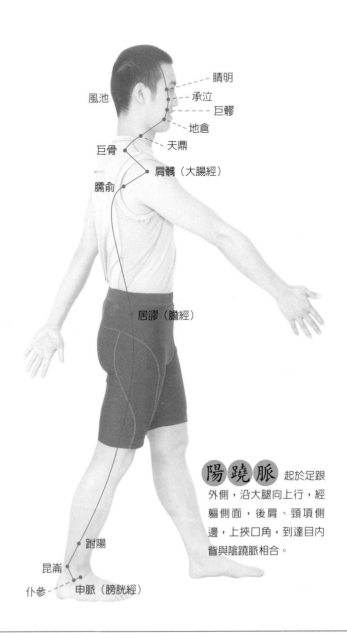

晴明

風池　承泣

巨髎

地倉

巨骨　天鼎

臑俞　肩髃（大腸經）

居髎（膽經）

跗陽

昆崙

仆參　申脈（膀胱經）

陽蹻脈 起於足跟外側，沿大腿向上行，經軀側面，後肩、頸項側邊，上挾口角，到達目內眥與陰蹻脈相合。

此外，還有：十二經別、十二經筋、十二皮部。

十二經別：是十二正經另外分「別」出來的經脈，它的作用與功能是：加強表裏之連繫，並能通達正經行經不到的器宮與形體部位，以彌補正經之不足。

十二經筋：是十二經脈之氣，結聚、散絡、於筋肉與關節的系統。其主要功能是連結筋肉、關節，保持人體正常運動功能。它們運行於體表部位，不入內臟。其循行方向，都是從四肢末端走向身體與頭部。

十二皮部：是十二正經在體表一定部位的反應區，也是絡脈之氣散佈的部位。

皮膚是人體的最外圍的保護層，如果身體衛氣失調，病邪就容易入侵，首先通過絡脈、經脈、然後進入臟腑。反之，如果臟腑失去平衡，也可以通過經脈、絡脈反應至皮膚。

所以皮膚也是反映健康的一面鏡子。

「邪客于皮則腠理開，開則邪入客於絡脈，絡脈滿則注入經脈，經脈滿則入合於臟腑也。」

黃帝內經・素問・皮膚論第五十六篇

所以皮膚不但與內臟息息相關，而且是非常重要的一關。從這點上即能明瞭自我按摩術對身體健康所起的重要作用。

第四章　腧穴

一、腧穴之含意

　　「腧」與「輸」是異字同意。「穴」意孔隙。腧穴即是輸送的進口處。是經絡通接身體表皮的孔隙，反之也是表面通向內室臟腑的門戶。

二、腧穴可分為三類

1.十四經穴：就是分佈在十四經絡上的穴位，共約有360個。
2.奇穴：不是分佈在十四經脈上，但是在別處有明顯的部位。
3.阿是穴：沒有固定位置的任何壓痛點，都可謂阿是穴。

三、腧穴之功能

　　如果人體中的臟腑失去平衡，而引起病變，即可使用針灸，或者透過推拿手法，刺激腧穴或經絡，來調節氣血，平衡陰陽，達到防治疾病的目的。

第五章　臟腑

臟腑是人體內臟的總稱，共分；臟、腑、奇恒之腑等三大類。

一、「臟」：包括心、肺、脾、肝、腎等。俗稱「五臟」。

它們的生理功能是：生化和儲「藏」精、氣、血、津液、神。五臟者，藏精氣而不瀉也，故滿而不能實。六腑者，傳化物而不藏，故實而不能滿也。

黃帝內經・素問・五藏別論 第十一篇

二、「腑」：包括膽、胃、大腸、小腸、膀胱、三焦等。俗稱「六腑」。

它們的生理功能是「接納」，消化水與食物，運送所產生的營養成份，並把存餘的、消化不了的糟粕化成糞便。

三、「奇恒之腑」：包括腦、髓、骨、脈、膽、女子胞等六種器官組織。

它們的功能不同於前所述「六腑」的功能，所以使用「奇恒」來區別其不同。

臓　　　　　　　　　　　　腑

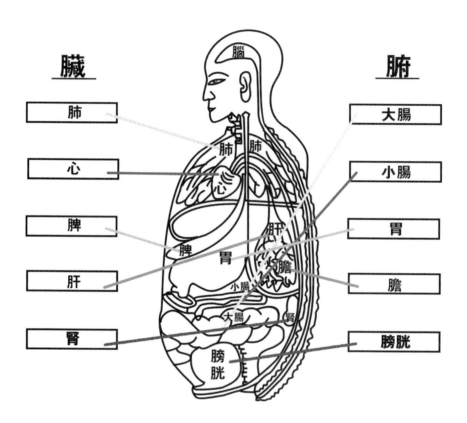

臓	腑
肺	大腸
心	小腸
脾	胃
肝	膽
腎	膀胱

人體是一個有機能的整體

古代醫學家，對人體的臟腑與經絡關係、生理與病理
現象和自然界的環境對人生活的影響，作了長時期的探
索、研究與實踐，領悟到中醫學中的辨證學。與陰陽五行
學說，實際上皆自於陰陽平衡的哲理。所以把陰陽五行融
於中醫領域中，來解說人體的生理功能與所發生的一切病
變，都不是單一的變化，而是與整體的機能失衡有密切的
關係。因為人體是一個有機能的整體，身體中每一個臟腑
與器官組織之間都有著密切的關係，它們是一環銜接著一
環，環環相連，相互依賴，又相互抑制，循行環周，形成
一個，一動無有不動，一環失衡，牽動整體平衡失調的整
體結構。所以中醫學採用辨證法來分析病變出現的各種症
狀，然後再確定相應的治療方法。而不是，頭痛頭有病，
胃不舒服胃有病的單一證斷法。所以為什麼一帖中藥中會
使用那麼多種草藥，原因是它需要給與病症有連帶關係的
每一個臟腑器官組織用藥，來調節它們相互之間失去的平
衡。如果使用針灸治療也是同樣的道理，會在與症狀有相
關的經絡上扎針來調節平衡，使身體恢復健康。治病需要
治其根而不是只治其表。

運用在中醫學領域中的水、火、土、木、金五行，已
不是水、火、土、木、金原本物質的性質，而是把其特性
抽象化，作為一種比喻，使其能更明鮮地，生動地來闡明
各臟腑之間，環環相繫扣之機能與關係。

五行與五臟之歸屬

火的特性；火焰是灼熱向上。而人的心血也是灼熱的。人們常使用「火熱的心」來形容人的一種情緒，從這裏可以看到人們在日常生活的用語中，早已把火與心連繫在一起使用。心的功能是維持人體的血液循環與體溫，並有溫煦的作用。所以把火歸屬於心。

水的特性；潤下。黃帝內經・素問・逆調論第三十四「腎者，水臟，主津液」，已說明水與腎的關係。腎的功能是「藏精」（注解一，「主水」注解二，「納氣」注解三。）

土的特性；能生化萬物。而脾胃有接納、消化食物、運送營養與水份的功能，它們所處的位置是在身體的中央。而土在五行中的位置也是屬於中央。所以脾胃歸屬於中央戊巳土。

木的特性；主生發，根能疏鬆土壤。肝的主要功能也是主疏泄過濾血液中有害物質，並藏血。有調節血量的功能。所以木歸屬於肝。

金的特性；冷酷，下降，收斂。肺氣主下降。而且肺是沒有痛覺的器官。所以把金歸屬於肺。

五行之相生：即如母子，滋生，助長關係。

以腎（水）中之精髓，滋養肝。肝（木）中所藏之血又能滋生心。心（火）中之熱，能溫脾。脾（土）取食物

中的精華生養肺。肺（金）中之氣下行，助腎水。形成：
水生木、木生火、火生土、土生金、金生水循環周運。

注解一：

腎中之精分二部份；有先天之精與後天之精區別、先天之精稟於父
母之精，又必需後天之精加於補充，指的是平時從食物中所吸收之
精華。對人的吸呼功能非常重要，腎氣充沛，納氣正常，肺的氣道
才能暢通。不然就會出現，一動則氣急，發生吸呼困難的症狀。

注解二：

腎能調節體內水液平衡。分佈與排泄。

注解三：

從肺吸入之氣，必須下及於腎，由腎中之氣接納，所以有「肺主
呼，腎之納氣」對人的吸呼功能非常重要，腎氣充沛，納氣正常，
肺的氣道才能暢通。不然就會出現，一動則氣急，發生吸呼困難的
症狀。

五行之相剋；即相互抑制，反逆奪主。

　　腎（水）可以阻止心火上亢。心（火）中之陽氣可以
抑制肺金中的氣下降過度。肺（金）中下降之氣可以抑制
肝火上亢。肝（木）的疏泄功能，是保持脾胃消化功能正
常。脾（土）主運化，可以制止腎水泛濫。形成：水剋
火、火剋金、金剋木、木剋土、土剋水循環周運。

第六章　皮膚－反映健康的鏡子

　　人體是一個有機能的組合整體，相互牽制影響，內外相連。外圍的皮膚，是反映內臟功能狀況的一把鏡子。

　　身體健康，精神飽滿，皮膚才會呈顯，滋潤光澤，反之，樵槁臘黃，或隨著內臟病變，而臉部與身體皮膚會反映出各種症狀。中醫學中的望診之一，就是觀察病者在外形與精神上的表現，舌苔，皮色狀態等異象，來判斷內臟的病變。例如便祕者，臉部常會出現痘粒。吃了過多的油炸食物，不但會傷及膽、脾胃、心血管等臟腑外，同時臉部皮膚會出現油膩、毛孔堵塞、毛囊發炎，因而引發紅腫症狀痘粒。都傷害到臉部的皮膚，如果依據辨證法，來證斷病症治療，先清理臟腑，治其根源，同時在皮膚上用藥，雙管齊下，才會見效。如不問起因，只是一味地在外形皮膚上作文章，不但無濟於事，反而會出現雪上加霜，更不利於皮膚復原。

　　雀斑在某此女性臉部或身上容易發生，引發因素很多，各人體質不同，生活習慣不一，食性有異，受孕期、產後、年歲層次、基因，色素等等。都會引發雀斑，雀斑是內因所引發，反映在皮膚上的一種症狀。同樣如果只一

味地尋找一種有效的外用油膏，是絕對無濟於事，有效的
現象，也只是暫時性的，一旦停止使用，因為內在根源未
清除，雀斑依然會重新呈現，再會更生。治病需治根，根
即是引發之原因。「黃帝內經・素問・陰陽應象大論篇第
五，肺生皮毛，皮毛生腎，肺主鼻。」敘明皮膚滋潤直接
與肺、腎氣有關，皮膚光澤美顏，同時反映肺、腎的健康
狀態。

　　美顏，首先要保養內臟機能運作正常，身體健康，皮
膚才會呈現滋潤光澤。食物中的白木耳、百
合，有清肺的作用，對除雀斑都有一定效
果。

第七章 無極氣功基礎運動

動作一：轉腰胯拍打肩（肩井穴）與頸（大椎穴）

(1) 兩腳分開，保持一橫腳之距離，全身關節鬆開以胯腰為軸，兩手臂
宛如雙軟鞭，利用轉動時的慣性，使左、右手心與手背先後拍打後
頸（大椎穴）與後腰（命門）。

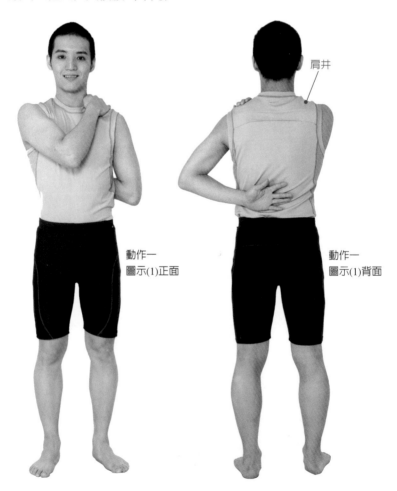

肩井

動作一
圖示(1)正面

動作一
圖示(1)背面

（2）同樣利用轉動時的慣性，交替拍打左、右肩井穴與後背。

（1）與（2）交替，重覆六次。

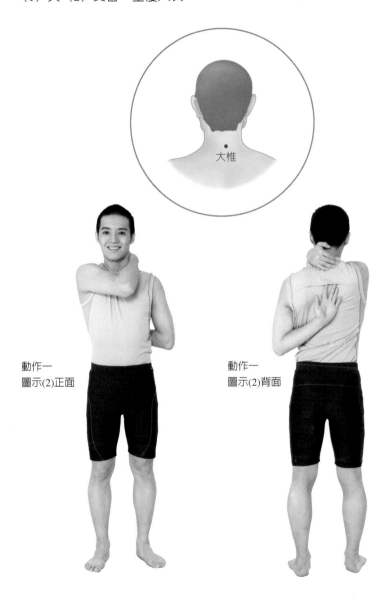

大椎

動作一
圖示(2)正面

動作一
圖示(2)背面

動作二：屈膝下蹲，拍打背部（督脈）

（1）先由下而上拍打督脈。屈膝下蹲，然即伸直雙腿，利用伸直之慣
性，將左手背先甩打後尾脊（長強穴），同時將右手拋向前方；隨
後再屈膝下蹲，右手背再拍打後背（每次拍打均略高於前一次左手
臂拍打的部位），同時將左手拋向前方，共拍打六次。

（2）再由上至下拍打督脈。重覆上述（1）與（2）的動作，共拍打六
次。

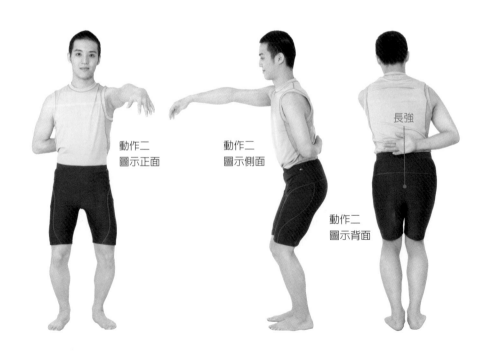

動作二
圖示正面

動作二
圖示側面

長強

動作二
圖示背面

動作三：轉頭（大椎穴）

（1）頭部轉向左肩，嘴對左肩。

（2）臉部轉朝上。

（3）頭部轉向右肩，嘴對右肩。

（4）臉部朝地。

請注意：重覆（1）至（4）的動作三次之後，再以右→上→左→下的順序做三次。

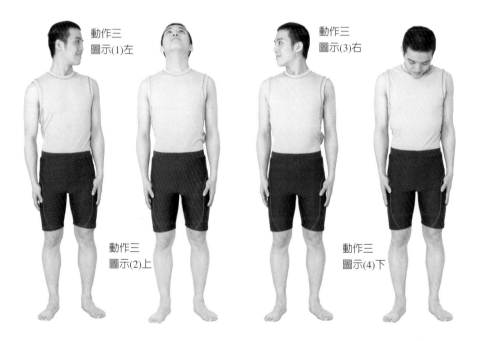

動作三 圖示(1)左

動作三 圖示(2)上

動作三 圖示(3)右

動作三 圖示(4)下

動作四：轉肩開中胸（膻中穴）

(1) 吸氣，雙肩先向上再往後伸開前胸。吐氣，肩再向下、往前。一共
　　轉六次。

膻中穴：男性的二乳頭中間

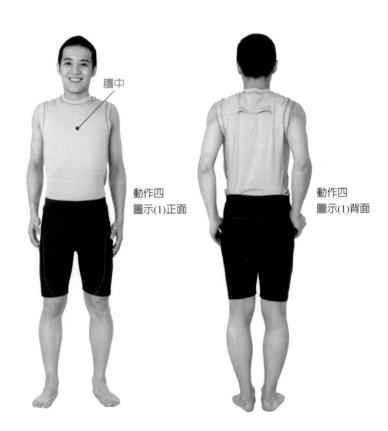

膻中

動作四
圖示(1)正面

動作四
圖示(1)背面

動作五：轉肩開後背（夾脊與膏肓）

(1)吸氣，雙肩先向上再往前展開後背。吐氣，再向下、往後。一共轉
九次。

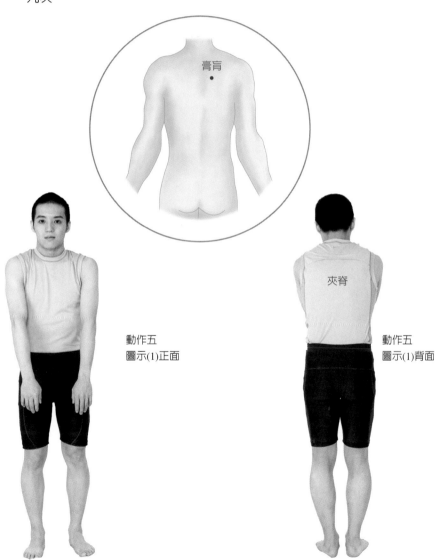

膏肓

夾脊

動作五
圖示(1)正面

動作五
圖示(1)背面

動作六：轉腰胯（命門）

（1）先摩擦雙手使之微熱，再將雙手心放在左右兩腰處。

（2）保持頭與頸部中正不偏斜，先由左到右轉六圈，再由右到左轉六圈。

命門：脊椎中線上，介於第二與第三腰椎骨之間。

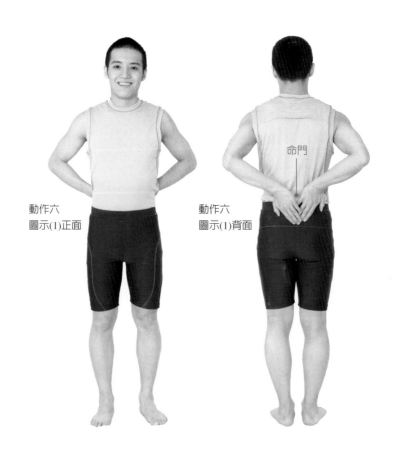

動作六
圖示(1)正面

動作六
圖示(1)背面

命門

動作七：轉膝（命門穴、環跳穴、血海穴）

（1）展開手掌，五指分開貼握於膝蓋部位，大拇指按貼於血海穴，屈膝
　　下蹲，旋轉膝部關節，先由左向右轉六次，再由右向左轉六次。

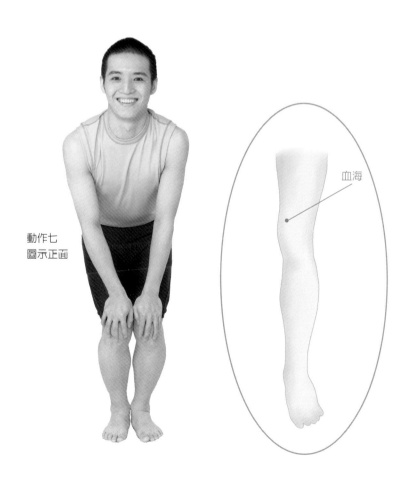

動作七
圖示正面

血海

動作八：推掌扭腰（帶脈）

(1) 右手叉腰，左手臂直臂前舉與肩平，左手掌翹起掌心向前，手指尖
　　向上。

(2) 保持雙肩平行，身體朝正前方，左手掌根向前推，手指上翹，保持
　　手臂不變形。繼續維持手臂平舉不變，左手掌亦繼續向前推，邊推
　　邊轉胯，使右肩向後轉九十度，請注意保持雙肩與手臂成平直一
　　線。

(3) 頭轉向後方，眼朝後左腳跟看；不需彎腰。

(4) 右手臂直臂前舉與肩平，左手叉腰，右手掌翹起，掌心向前推，指
　　尖向上。重覆前（1）至（3）的動作，只是方向相反。

動作八
圖示(1)

動作八
圖示(2)

動作八
圖示(3)

動作九：上拔下躬（任、督二脈）

（1）雙臂垂直向下，手心向上，雙手手指交叉相合置於身前。

（2）掌心向身前沿著身體中心線，慢慢往上移至頭頂。

注意事項：如果患有高血壓者，請勿做此彎躬的動作，只需做拔腰背
　　　　　頸的作即可。

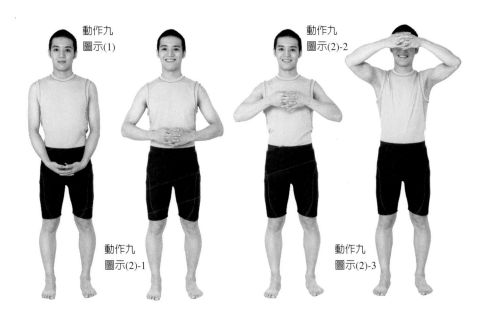

動作九
圖示(1)

動作九
圖示(2)-2

動作九
圖示(2)-1

動作九
圖示(2)-3

（3）掌心轉向上，再往上推，使雙臂貼著雙耳。

（4）掌心繼續上推，向上拉腰胯，再向上拔背脊，最後向上提頭頸。能
　　舒展脊椎中間的軟骨，活化脊椎與軟骨的機能，預防老化與萎縮。

動作九
圖示(3)

動作九
圖示(4)

（5）保持舉高之姿態不變，全身盡可能地再向上拔，隨後身體轉向右側。

（6）身體再轉向左側，之後回正，全身再拉拔一次。

請注意在轉身的同時，始終保持上拔的動作。

（7）繼續保持掌心向上推勢，同時身體由右向左螺旋式下彎，盡可能使上身貼前腿，掌心貼地。

動作九
圖示(5)

動作九
圖示(7)-1

動作九
圖示(6)

動作九
圖示(7)-2

（8）　鬆開雙手，使之交叉搭置於雙肩。

（9）　使左肩向下盡可能去碰到左腳，重覆做幾次。

（10）使右肩向下盡可能去碰到右腳，重覆做幾次。

（11）放開雙手，雙掌心按著雙膝，兩膝內側相貼。

（12）屈膝下蹲，下巴上翹，於此姿勢小息片刻，再慢慢起身，此為防
　　　止頭暈的起身動作。

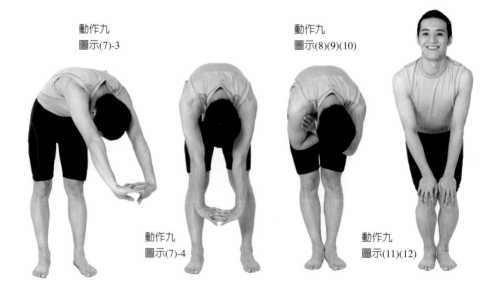

動作九
圖示(7)-3

動作九
圖示(8)(9)(10)

動作九
圖示(7)-4

動作九
圖示(11)(12)

動作十：轉膝與踝

（1）身體直立，左手叉腰，盡可能提高右膝，將右掌包按於右膝之上。

（2）轉動膝與踝，先向左再向右各轉動六次。

（3）左側膝踝亦按照（1）與（2）的動作重覆做。

動作｜
圖示

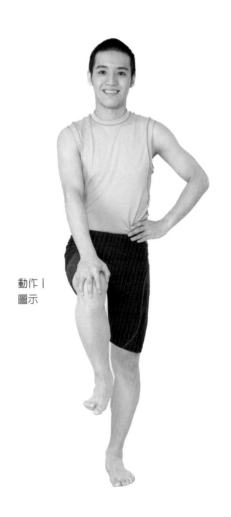

動作十一：轉胯軸（湧泉穴）

(1) 雙手掌心按於後腰，提左腳，宛如踏在一個足球上似的，保持腳尖上翹。

(2) 吸氣，用腳把假想的球向前推，身體自頭至腿成一斜線。

(3) 吐氣，身體直起，同時用腳把假想球拉回。（1）至（3）請重覆做三次。

(4) 左腳重覆（1）至（3）的動作。

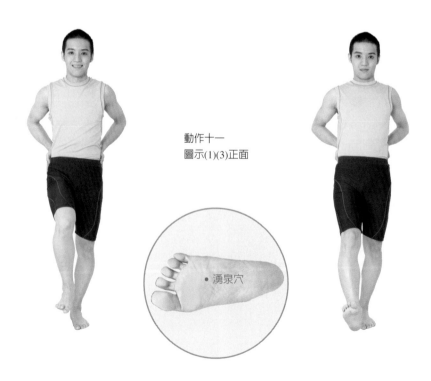

動作十一
圖示(1)(3)正面

• 湧泉穴

動作十二：揮雙臂（勞宮穴）

(1) 左弓步。左膝與左腳尖垂直相對，保持不動。右胯轉向右後方，左
　　手臂利用右胯所產生的慣性力，把左手臂自然地拋向前方，掌心朝
　　上成凸掌；右手臂則自然地拋向後方，掌心朝後。

(2) 左胯轉向左後方，右手臂做（1）的動作。共二十次。（3）接著，
　　右腳在前成右弓步，重覆做（1）與（2）的動作二十次。

(3) 收回成站立姿態。

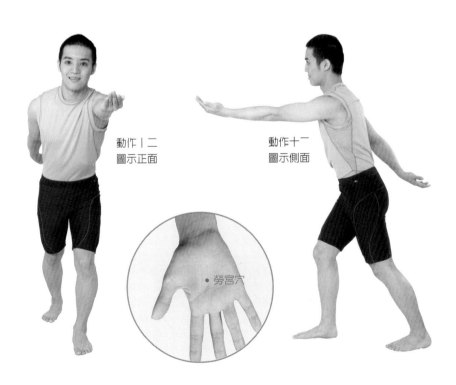

動作十二
圖示正面

動作十二
圖示側面

勞宮穴

動作十三：下蹲

(1) 先蹲馬步，然後伸平右腳，重心落於左腿上。盡可能保持身體平直。

(2) 右腳跟著地，腳尖上翹，盡可能使小腿貼地，雙掌心按著雙膝。

(3) 右腿屈膝下蹲，左腳跟著地，重覆（1）與（2）的動作方向相反，至少十次。

動作十三
圖示

第八章　無極氣功之外形動作與站樁方法

外形動作

　　太極拳第一式「無極式」雙手自然下垂，雙腳平行站立，兩腳之間距（兩腳外側）保持一橫腳寬。身體下部正中之會陰穴與頭頂的百會穴向上貫串；雙肩井穴與雙腳底湧泉穴串連成二道直線。手指必需自然放直，指尖垂向地，身體的氣通過肩關節直達至手指尖。若要使氣由身體貫串達到指尖，則沿道關節需節節啟開。在身體外形與天地相合之後，再令眼睛內視省心。

正面　　　　　　　　　　側面

「虛靈頂勁、涵胸拔背、尾脊中正、垂肩墜肘、井泉相合、貫串兩會、鬆胯屈膝、氣沈丹田」

這四字訣共有八句，明示了太極拳第一式「無極式」的基本外形動作，也是太極拳氣功的基本外形站樁方法；這八句訣更是練一切功法的基礎。上下文需貫相連，不能斷章取義。

「虛靈頂勁」：在內涵上可解釋為陰陽二個相反的成分組合：「虛靈」是虛無的，屬陰；「頂勁」則是實感的，屬陽。「虛靈」其實是用以形容「頂勁」向上的方式。「虛」又指自然與空無；「靈」則為思想。這是說在精神上、思想上、心靈上先要作到若有若無、忘我的境界。「頂勁」指的是意識性的一股向上引伸的力（不能夠真的使力）。

所以「虛靈頂勁」有二個作用：（一）是在外形上**想像**由百會穴有一條無形的線向上掛，把整個身體吊起來，使自己就如同一尊吊掛的木偶。（二）「虛靈頂勁」即有上拔的含意，著實能夠協助減輕關節之間的壓力，使其靈活自然。人體的重量來自地球的引力，所以身體除了兩條手臂的關節外，其餘的關節都附帶著從上而下的壓力，關節有了壓力，就顯得不靈活；若要減輕此壓力，則需要有向上的力來應付。

「含胸拔背」：是因為「虛靈頂勁」把身體向上吊掛，下巴

內收，後背也隨著垂直向下成直背；兩肩必定自然地下垂，胸呈內含之狀。這與我們一般在做挺胸的動作時，後背與腰會自然呈現凹入的狀態相反。「含胸」，換言之是拔背之後的自然狀態。

「尾脊中正」：是在「虛靈頂勁」、「含胸拔背」和「鬆胯屈膝」之後，尾椎理所當然垂直向下，呈中正之狀態。此時身體上下形成兩股相反之力(「虛靈頂勁」向上和「尾脊中正」向下)，可拉拔開督脈。其實「含胸拔背」「尾脊中正」都只是在「虛靈頂勁」之後所呈現的狀態，並非故意作做的兩個動作。

「垂肩墜肘」：「垂肩」意即手臂自然垂直下沈，用手臂本身的重量「垂」開肩關節。「墜肘」即有保持全臂自然垂直，以強調「垂肩」的動作。還有，**手指必需自然放直，指尖垂向地，氣才能由身體通過肩關節直達至手指尖**。所以肩關節是手臂與身體連接的軸承，也是門戶。肩關節不開，身體的氣就不能通向手臂；肘軸不鬆開，氣就不能達到前臂；腕軸不鬆開，氣就貫不到手掌；手指的關節不開，氣就無法傳至指尖。**若要使氣由身體貫串達到指尖，則沿道關節需節節啓開。**

「鬆胯屈膝」：身體的脊椎一般略呈 S 形並非一直線，若要
將百會穴與會陰穴對齊，並將**肩井穴與湧泉穴串成直線**，
必須以「鬆胯屈膝」來達到要求。所以「屈膝」沒有任何
的限度，只是為了以上穴位之的配合。換言之，「鬆胯屈
膝」並不是一個主動的動作，是為了做到「**貫串二會**」、
「**井泉相合**」，而自然產生的動作。所以先有兩會合，後有
「鬆胯屈膝」的動作產生，這主從之分非常重要。

當做到以上動作，使身體外形與天地相合之後，再令
眼睛內視（注解一）丹田－「氣沈丹田」，至湧泉穴，再從
湧泉穴繼續灌注入地。

站樁方法

站樁時，以「虛靈頂勁」為前題，全身放鬆，舌抵上
顎（使任、督二脈相接），呼吸要自然，試著去感受「全身
透空，應物自然」之意境。此一太極拳之站樁功屬動氣
功，其在揣摩「全身透空」的時刻，即是我們內視的終極
目標。也就是說，要用我們的心眼，將我們的身體看清、
看鬆、看透、看空；其後才得以「應物自然」隨風而飄。
我們在步向「全身透空」的過程，就是鍛練「心身合一」
（身心敏感度）的最佳時刻。

　　左側身體以左肩井穴對準左腳湧泉穴，身體上下、前後調節幾次，在一般情況下，左手指尖即會出現脹、麻或發熱的反應，這就是「氣」的一種感覺；待身體調節至手指尖有最強的感覺時，請保持此姿勢。右側身體請依照左側身體做相同的動作。然後雙邊肩井穴再與雙腳湧泉穴再對齊一遍。

　　雙手臂平舉，掌心朝下，高不過肩低不下於丹田，重要的是要能夠做到心中忘我。再試著把掌心輕輕地放在空氣上，讓空氣來支撐浮托手臂，或者想像手臂呈空心如氣球般地浮在空氣中，如此，肩關節才得以放鬆。

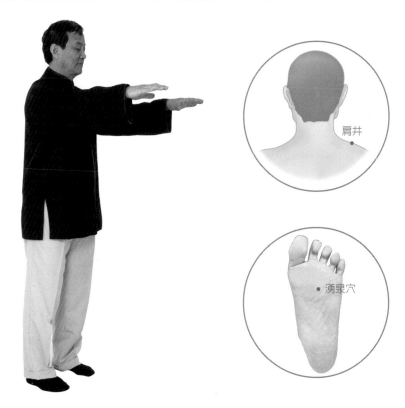

肩井

湧泉穴

　　掌心對著掌心，假想用十個手指腹抱一「氣」球。因為「氣」球很輕，所以十指尖所用之力一定得要恰到好處：力氣稍大氣球會破裂，力稍小則會浮離。接下來雙目微閣，由肩井穴內視湧泉穴，同時由大腦神經來感受手中「氣」球的變化。

　　初站樁時，手中氣球會逐漸膨脹，當脹大的氣球使兩手臂形成一直線時，可以輕慢地壓縮手中的「氣」球，使其變小至不逾雙肩之距離。可以來回地重覆手中「氣」球膨脹縮小的動作，體驗氣感。每次站樁以十五至二十分鐘為宜。

太極拳氣功之站樁抱球

　　收功時，將「氣」球灌入氣海穴（中丹田）：雙手十指彎曲指甲相觸，中指置放於肚臍中，其餘手指紛置於肚臍上下處，掌心呈空心狀，使勞宮穴與天樞穴相對；下顎內收，想像以身上的毛孔將氣吸入聚於中丹田；稍等片刻，慢慢地嚥下唾液，再睜開眼睛。

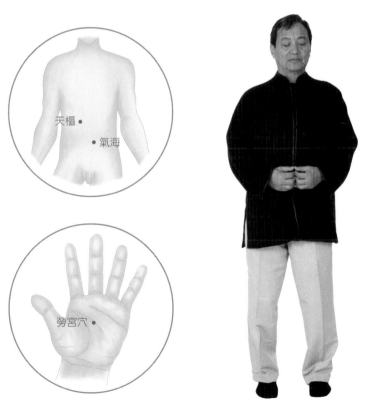

雙手十指彎曲，指甲相觸

站樁時之氣動

　　當站樁一段時期後（時期之長短取決於個人的性格與生活歷練，氣功的站樁效應各不相同），內氣激盪，湧泉穴會有震動的感覺，強悍的衛氣（注解二）可令全身開始顫抖或跳動，此為前期氣動之現象。若全身有極為強烈顫抖之反應時，可試將雙手輕微合掌，掌心保留一點空間，指尖向上，姆指對正膻中穴，雙前臂成水平線；若聚氣足夠強度，雙手即刻會快頻率地擊掌，這是謂內氣外放的一種現象。當擊掌幾分鐘後，快頻率擊掌之現象會慢慢減弱甚至消暱，稍待片刻，等候湧泉穴重新聚氣，當氣聚足，又會重覆上述現象。

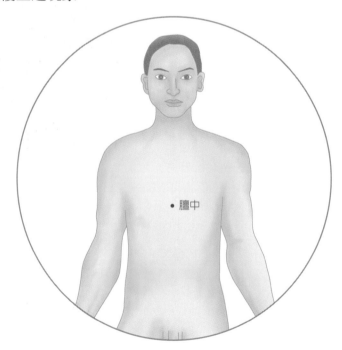

膻中

前期氣動現象將因個人的體質不同而表現各異，此文中全身顫抖或跳動只為其一。本書建議在練習氣功時，不可執著於氣動之現象，應將意念放空，一切聽任自然調節，不需要對「氣」做任何導引為上策。

注解一：

「內視」即觀想。將視覺外放之能力反之，想像觀看身體內部。

注解二：

「衛氣」即陽氣，性強悍，行於經絡之外，防禦外邪之入侵。

第二部　實際應用——按摩篇

頭部－陽經之首

陽經分手三陽經與足三陽經，此三陽經都始循行於頭部。任脈、督脈兩大奇經，又都會合於頭部。而督脈又是總督全身陽經之脈。

頭部不但是陽經聚集之首，也是人智慧之府，人之腦、視覺、嗅覺、味覺、聽覺都會集於頭部。目（主肝、膽）、舌（主心、小腸）、口（主脾、胃）、鼻（主肺、大腸）、耳（主腎、膀胱）等，此五官又各分屬於五臟六腑，是五臟向外之窗戶之一，能從中直接視察五臟之健康狀態。所以按摩五官與保持頭部經絡暢通，對健康而言是十二分之重要。

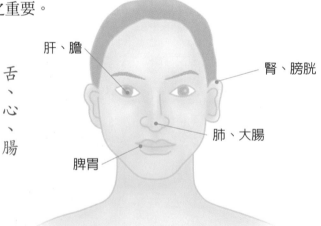

舌、心、腸

肝、膽

腎、膀胱

肺、大腸

脾胃

以下按摩的次數以六次為基數，可以倍數相應增加；即十二次、十八次、二十四次、三十次、三十六次等次數。按摩動作臉部時，向下動作輕柔，向上動作略使微力。四肢與軀體，使力時，順向輕，逆向略重。

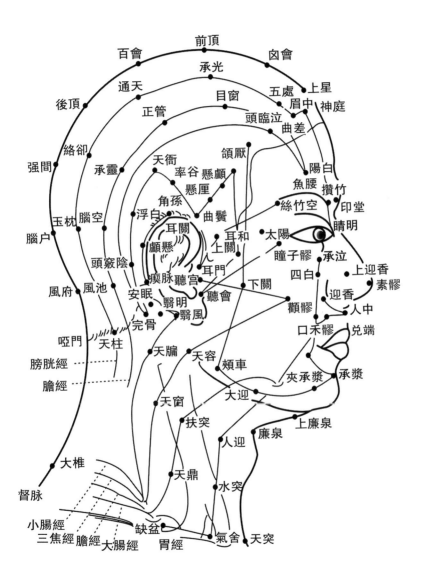

頭側面六陽經與任脈、督脈圖

第九章　臉部兩側

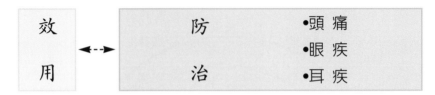

效用		防	•頭 痛
	◄--►	治	•眼 疾
			•耳 疾

作法：兩手掌根按貼在左右太陽穴上，指尖朝上，沿臉部兩側向下按摩，動作輕柔，至指尖抵觸在下頦骨止，隨沿臉部兩側向上按摩（以全掌）至太陽穴，動作略微使力，上下為一次，共六次。

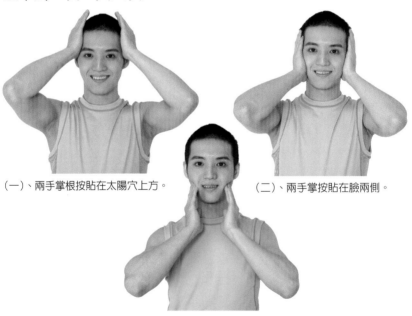

（一）、兩手掌根按貼在太陽穴上方。　　　（二）、兩手掌按貼在臉兩側。

（三）、兩掌指尖抵觸在下頜骨上。

以下（一）、（二）、（三）及臉側面腧穴圖，作為手掌在按摩時，應罩蓋的位置或單獨按摩腧穴時作參考。

圖一、足少陽膽經臉部局部腧穴

一、**瞳子髎**：頭痛、目疾

二、**聽會**：耳鳴、耳聾、齒痛

三、**上關**：偏頭痛、耳鳴、耳聾、
　　齒痛、口眼歪斜

四、**頷厭**：偏頭痛、目眩、耳鳴

五、**懸顱**：偏頭痛連佈目外周環痛

六、**懸厘**：偏頭痛連佈目外周環痛

七、**曲鬢**：鬢角痛、頰腫、牙關緊
　　閉

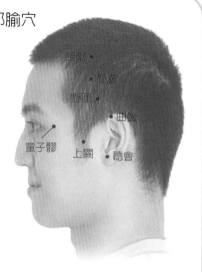

圖二、手少陽三焦經臉部局部腧穴

一、**翳風**：耳鳴、耳聾、口眼歪
　　斜、頰腫

二、**耳門**：耳聾、耳鳴、齒痛

三、**和髎**：耳鳴、頭重痛、牙關
　　緊閉

四、**絲竹空**：頭痛、目疾

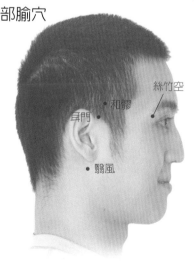

圖三、足陽明胃經臉部局部圖

一、**大迎**：口眼歪斜、口不能張
　　開、頰腫、齒痛

二、**頰車**：口歪斜，齒痛、頰腫、
　　牙關緊閉

三、**下關**：齒痛、口歪斜、耳聾

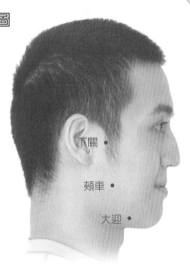

圖四、分佈在臉部奇穴

一、**太陽**：頭痛、目疾

二、**牽正**：面神經麻痺

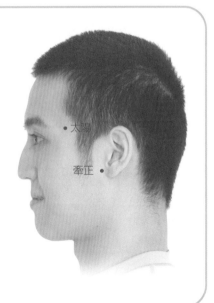

第十章　臉部正面

| 效用 | ←--→ | 防治 | ●頭痛
●眼疾 |

作法：

兩手掌根按貼在前額髮際處，直線向下按摩，經由：眉、
眼、顴、手指按抵至頦骨處，隨即沿原線向上按摩至原始
處。

（一）、兩手掌根按貼在前　　　　　　　　　　　（二）、兩手掌按貼在臉部正面。
　　　額髮際處。

（三）、兩手指尖抵觸在下巴兩側。

圖（一）、與（二）、（三）為按摩時手掌動作位置作為參考。

圖一、足太陽膀胱經臉部局部腧穴

一、**睛明**：目疾

二、**攢竹**：頭痛、眉棱骨痛、目赤痛

三、**眉沖**：頭痛眩暈

四、**曲差**：前頭頂痛、鼻塞、鼻衄

五、**五處**：頭痛、目眩

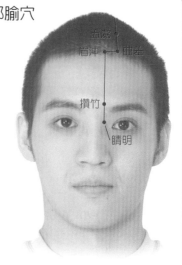

圖二、足陽明胃經臉部局部腧穴

一、**承泣**：目赤腫痛

二、**四白**：目赤痛、口眼歪斜

三、**巨髎**：口喝、鼻衄、齒痛。按摩至左太陽穴

四、**地倉**：口喝、唇疹

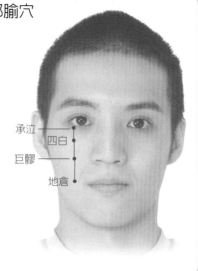

第十一章　前額

| 效用 | ←--→ | 防治 | •頭痛
•眼疾 |

作法：

右手掌根按貼在左太陽穴位，手指尖朝左，按摩至右太陽穴。右掌繼續向右自然落下。隨後左手掌根按摩在右側太陽穴。左右按摩為一次，共六次。

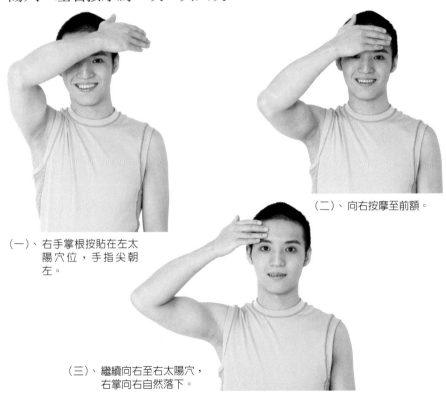

（二）、向右按摩至前額。

（一）、右手掌根按貼在左太
　　　陽穴位，手指尖朝
　　　左。

（三）、繼續向右至右太陽穴，
　　　右掌向右自然落下。

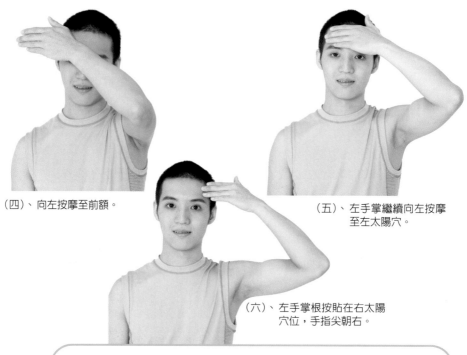

（四）、向左按摩至前額。

（五）、左手掌繼續向左按摩
至左太陽穴。

（六）、左手掌根按貼在右太陽
穴位，手指尖朝右。

腧穴圖

一、**太陽**：頭痛、目疾（屬奇穴）。

二、**眉沖**：頭痛眩暈。

三、**曲差**：前頭痛、鼻塞、鼻衄。

四、**攢竹**：頭痛、眉棱骨痛、目赤
痛。

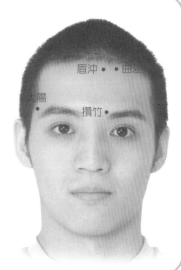

第十二章　眼睛

效用	←--→	防治	●眼睛老化

作法：先摩擦兩掌心，使其發熱，眼睛微闔，熱掌心呈凹狀，罩蓋在雙眼上，眼珠先向上、左、下、右、上。轉視一圈，共六圈。再反方向六圈。兩掌罩蓋在雙眼上。

腧穴圖

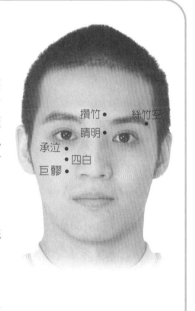

一、**絲竹空**：「定位」眉梢處凹陷中。
目昏花、目疾、頭痛、齒痛。
古人把「絲竹」比喻眼睛窗戶的簾子，在眼睛前裝上簾子，視野就會受到阻礙，看不清楚景物，把罩蓋眼睛的簾子搬走，眼前就會出現「空」曠的視野。顧名思意此穴對防治眼疾非常重要。

二、**攢　竹**：頭痛、目眩、目視不明、流淚、眉棱骨痛、目赤痛。

三、**睛　明**：目紅腫痛、內眦癢痛、流淚、目眩、雀目。

四、**承　泣**：目赤腫痛、流淚、夜盲、眼瞼瞤動、口眼歪斜。

五、**四　白**：目赤痛癢、目翳、口眼歪斜、眼瞼瞤動、頭痛眩暈。

六、**巨　髎**：口眼歪斜、眼瞼瞤動、鼻衄、齒痛、唇頰腫。

第十三章　眼部腧穴

作法：

一、食指彎成勾形（姆指按貼在太陽穴位，中指、無名指
　　與小指三指成握狀）按貼在眉弓骨內側靠鼻樑處，抹
　　向眉梢處「絲竹空」，隨之按貼在眼框下瞼內側之鼻側
　　處，食指微彎，抹向眼梢處（要覆蓋：承泣、四白、
　　巨髎三穴位）為一次，共三十六次。

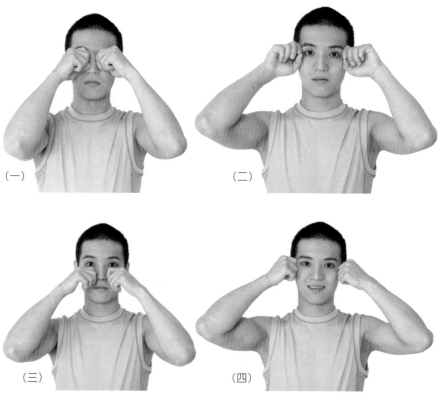

（一）　　　　　　　　　　　（二）

（三）　　　　　　　　　　　（四）

二、參考圖（一）、（二）、（三）、（四）動作。

第十四章　鼻子

| 效用 | ←--→ | 防治 | •預防鼻塞
•鼻疾
•感冒 |

作法：

一、兩手中指按貼在迎香穴。

二、沿鼻兩側推摩到山根穴。

三、隨之向下按摩至迎香穴。

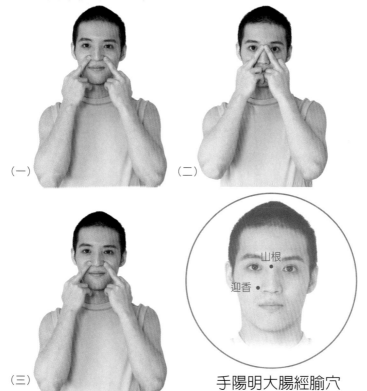

（一）　　（二）

（三）

山根

迎香

手陽明大腸經腧穴

第十五章　順梳髮

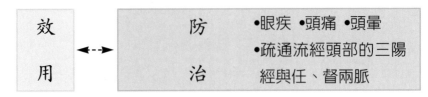

| 效用 | ←--→ | 防治 | •眼疾 •頭痛 •頭暈 •疏通流經頭部的三陽經與任、督兩脈 |

作法：

一、兩手掌按抵在前額與髮之間。

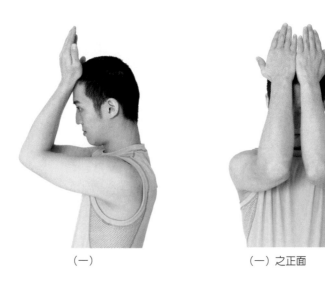

（一）　　　　　　　　（一）之正面

二、向下按摩；經眉、眼、顴，全掌按蓋臉部。

三、繼續向下按摩，指尖抵至下頦，隨後指尖朝向頸部，
　　掌根朝向前，肘也向前。

四、小指側掌沿耳後向上。

（二）

（二）之正面

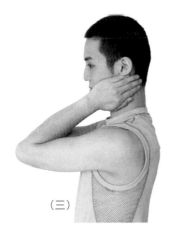

（三）

（四）

五、繼續沿後腦向上。

六、指尖轉向下，兩掌小指側掌相對合，覆蓋後腦上端
　　部，兩掌根與肘尖朝向前方。

七、兩掌按摩至頭頂，掌根抵達髮際與前額間。

八、重覆做（一）、（二）、（三）、（四）、（五）、（六）、
　　（七）動作，共六圈。

（五）

（六）

（七）

第十六章　倒梳髮

效用		防治	•防治落髮
			•感冒
			•疏通陽六經與任脈

作法：

一、左五指尖分開抵在前額髮際。

（一）

二、使用指尖向頭頂後方，略用力梳髮，五指要分開。

三、梳向後腦部。

四、至後腦髮際處，右指由下方轉向左方，形成橫掌罩蓋
　　後頸部。

五、右掌用力向右按摩「大椎穴」。

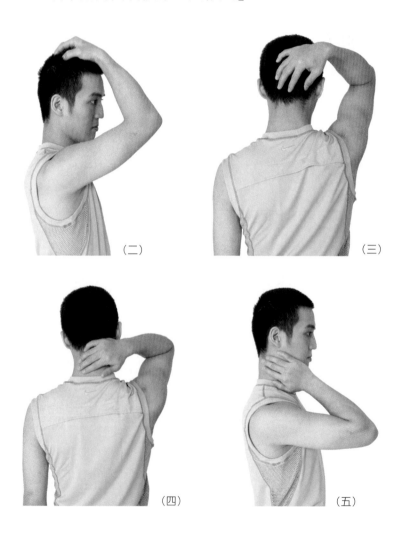

（二）　　　　　　　　　　（三）

（四）　　　　　　　　　　（五）

六、右掌繼續按摩右側頸部，同時指尖轉向上方。

七、沿右側頸部至前頸部下與胸之間。

八、前胸任脈；經膻中穴向下。

九、經肚臍向下至恥骨處。

十、換左手，繼續做右手的全部動作；（一）、（二）、
　　（三）、（四）、（五）、（六）、（七）、（八）、（九）
　　方向相反。

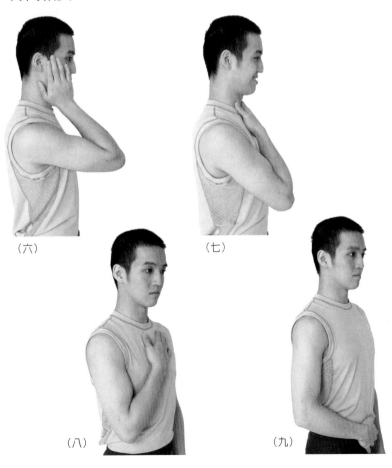

（六）　　　　　　　　（七）

（八）　　　　　　　　（九）

第十七章　敲天鼓

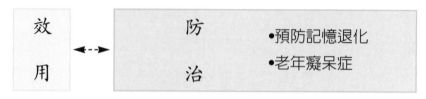

| 效用 | ←--→ | 防治 | •預防記憶退化
•老年癡呆症 |

作法：兩掌根按貼在兩耳上，兩手指尖相對在腦後處。

一、第二指按壓在中指。

二、第二指彈敲啞門穴。

三、隨之二指向下按摩，至二指間最大展開限度。共九
　　次。

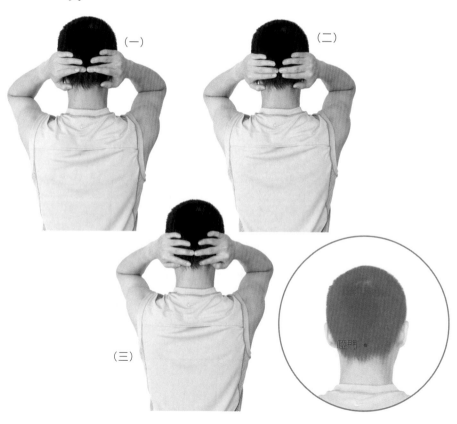

（一）　　（二）

（三）

第十八章　雙風灌耳

| 效用 | ←--→ | 防治 | •預防聽覺老化 |

作法：

一、兩掌手指按貼於腦後，兩掌根快速拔開。

二、兩掌快速拔開，手指位置保持不變為一次。

三、兩掌重新按蓋貼著兩耳。

四、重複做二、三全部動作。

共做六次。

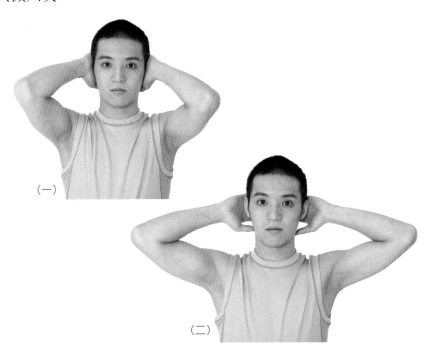

（一）

（二）

第十九章　捏揉耳朵

效用	←--→	防治	•有調節全身氣血之功能

耳穴包括全身臟腑、器官、四肢等穴位。參考耳穴圖。

作法：使用大姆指，食指與中指，輕、捏、揉左右耳朵。
可接合本身健康狀況。

切忌使用指甲刻按，因耳部皮膚嫩弱，極易破損，引發細
菌感染。

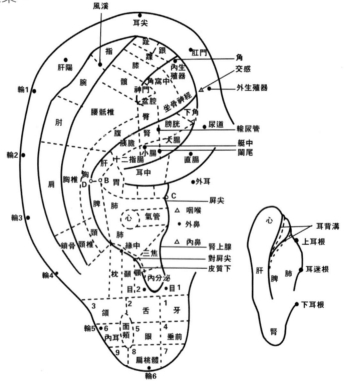

第二十章　雙臉頷

| 效用 | ← - → | 防治　　　●固齦 |

作法：

一、兩掌根按貼在下頷角，手指朝外翹。

二、沿上牙齦向前至下巴，再沿下牙齦向後按摩至頷角為
　　一次，共八十一次。

（一）

（二）

頰車：口歪斜、齒痛、頰腫、面
腫、嘴不能張開。

足陽明胃經腧穴

第二十一章　水溝穴與承漿穴

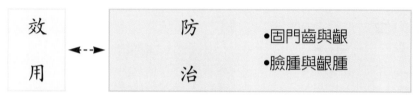

效用	←--→	防治	•固門齒與齦 •臉腫與齦腫

作法：

一、右手掌食指外側按貼在人中穴，指尖朝向左。左手掌
　　食指外側按貼在承漿穴上。

二、兩手掌同時朝相反方向摩擦，共六次。（右手側掌向
　　左摩擦，左手側掌向右摩擦。）

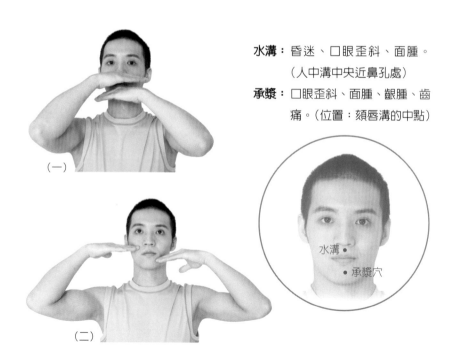

（一）

（二）

水溝： 昏迷、口眼歪斜、面腫。
　　　　（人中溝中央近鼻孔處）

承漿： 口眼歪斜、面腫、齦腫、齒
　　　　痛。（位置：頦唇溝的中點）

水溝•
• 承漿穴

第二十二章　敲臼齒和前齒

效用	←--→	防治

防

治

●固門齒與齦

作法：

一、閉嘴、臼齒咬合八十一次。

二、閉嘴、前齒咬合八十一次。

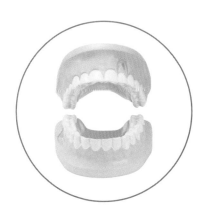

此圖供爲參考牙齒結構處，眞正做按摩時必須閉上嘴巴。

第二十三章　手臂

（一）手三陰經（從胸內側經手臂內側由內肩、內肘、內手
　　　腕、至掌心、至指端）

作法：左手掌按貼在右鎖骨下，向右內肩，沿右手臂內側
經由肘窩，右腕，右掌心，左姆指大魚際部抵至右掌指
端，再沿原路線回到左鎖骨下為一次，共六次。

一、動作左掌心按貼在右鎖骨下。

二、沿右手臂內側向下按摩至前手臂。

三、繼續順勢向下至右掌心。

四、沿原路線按摩至起點右鎖骨下為一次，共六次。

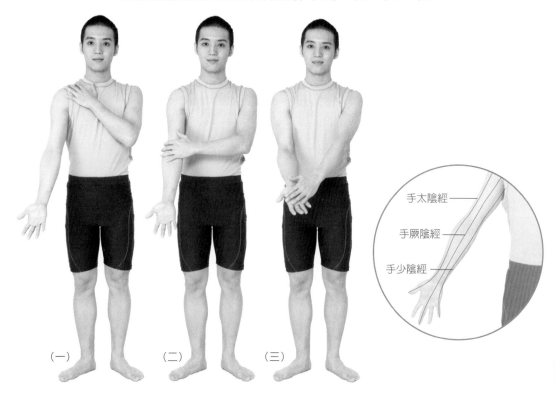

手太陰經 ——

手厥陰經 ——

手少陰經 ——

（一）　　　　　（二）　　　　　（三）

（二）手三陽經（從手指陽面，沿手臂外側向上至肩胛骨上
　　　端）

作法：右手掌按貼在左手掌背指上，向上經左手腕外側陽
面，沿前臂外側、外肘、後肩膀、肩胛骨上端。再沿原路
線回到左手背掌指，右姆指大魚際部抵至左掌指端為一
次，共九次。

一、動作左掌心朝內，右掌心按貼在左掌背指。

二、沿手臂外側，經左手腕陽面，向上按摩。

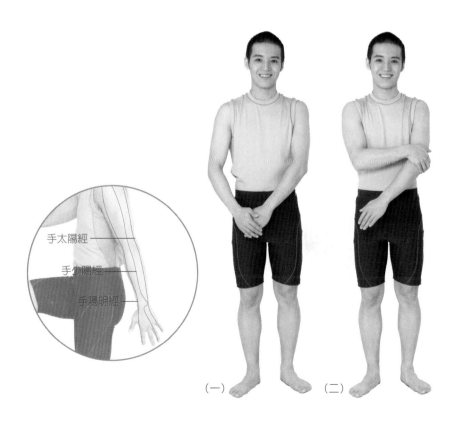

手太陽經

手少陽經

手陽明經

（一）　　　　　（二）

三、繼續向上按摩至後手臂。

四、經後肩至左後肩膀胛骨上端。共六次。

　　換左手掌按擦右手三陽經，動作與左側相同。

（三）　　　　　　　　　　（四）

第二十四章　兩脇

作法：

一、右手掌五指撐開按貼在左肩腋下。

二、沿左脇向下按摩。

三、至左側腹部後，再向上沿原路線按摩至左肩腋下。共六次。

換左手，按摩右側脇，動作不變，方向相反。

（一）　　　　　　　（二）　　　　　　　（三）

第二十五章　胸腹部

作法：

一、右手掌按貼在左鎖骨上。

二、沿左側前胸，按摩直下至溝股處，共六次。

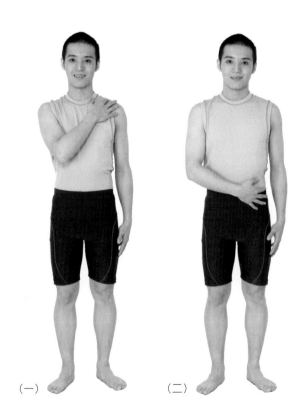

(一)　　　　　　(二)

第二十六章　腹部丹田

作法：

一、右手掌心按貼在肚臍上，左手掌按貼在右手掌背上，
　　按順時針方向，先向上，再向左，然後向下，向右，
　　向上，形成一圓周。隨之一圈比一圈大，共六圈。最
　　後一圈與腹部外形同大小，雙手停止在腹部上端。隨
　　之反方向，向上，向右，向下，向左，再向上，形成
　　一圈周，共九圈。一圈小於一圈，最後一圈與肚臍大
　　小相同。

（一）

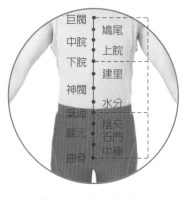

任脈局部 腧穴圖

第二十七章　腿部

足三陰經

作法：

平坐在地上，左腿向前伸，如果腰胯筋腱不夠鬆柔，不能向前彎，可把左腿彎曲，以舒適為準。

動作：

一、左手掌心按貼在左內胯。

二、左手掌沿大腿內側向下按摩至膝內側。

（一）

（二）

三、繼續向下按摩至腳踝內側，手指抵至腳底。

　　隨之沿原路線向上按摩至內胯為一次，共六次。

四、換右腿，動作相同，方向相反。

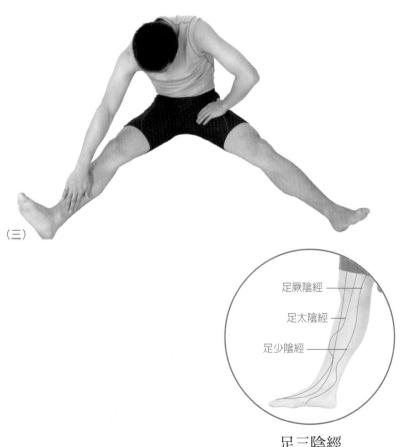

（三）

足厥陰經

足太陰經

足少陰經

足三陰經

足三陽經

作法：

重點在腿之外側與腿後面，左腳底著地，曲膝約大於九十
度角。

動作：

一、右手掌按貼在右後臀部。

二、沿大腿後方向下按摩。

三、經大腿外側，至膝外側與膝後窩。

四、向下按摩至小腿外側後。

五、繼續向下經腳踝外側至腳背。

六、隨即向上沿原線，按摩至始點為一次，共九次。

七、換左腿，動作相同，方向相反。

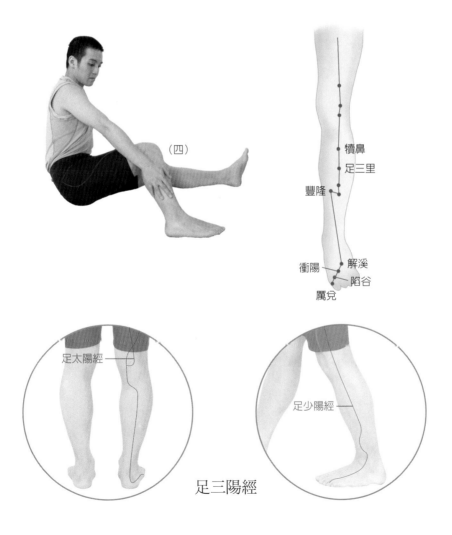

（四）

犢鼻
足三里
豐隆
衝陽　解溪
陷谷
厲兌

足太陽經

足少陽經

足三陽經

第二十八章　腳底

　　腳底之重要地位，不只是在於湧泉穴的重要性，而是人體所有內臟都有一扇窗戶開設在腳底（附圖）。既能與地氣相通，又能排洩病氣，起著交流作用。一般人都知道睡覺時的基本方位常識，頭與腳底不能對風口，因為睡熟時身體氣血循環速度緩慢，寒氣容易從腳底通道，侵入體內臟腑而得病，並且不易治療。

　　如有一杯混水，停放一定時間，水中的汙雜之物，會自然地沈澱到杯底，水自然就變得清澈。同樣的道理也適合與人體，臟腑自然地會把病氣沈澱到腳底，平時保持經常清理窗戶，就不易積累成疾。

　　腳底的健康是否，能直接反映身體健康的狀態，身體健康，腳底溫暖，皮膚光滑。反之會出現腳底冰冷、皮膚乾燥、粗糙、龜裂等，而這些現象都是因為某臟腑失去平衡，氣血受阻而引起的。

　　按摩時採取坐姿勢，（椅子或

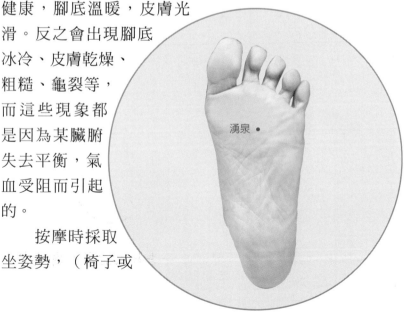

湧泉

地上都可以，根據本人的脊節鬆柔度來決定。）曲左膝，左腳背著地，左腳底呈現四十五斜角，左手按放在左外踝上，右姆指下端之大魚際部按貼在湧泉穴上，上下為一次，共按擦八十一次。

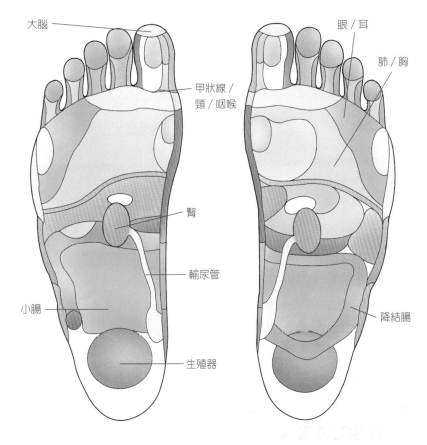

僅提供部分的對應器官，用意在於告知人體所有內臟有一扇窗戶開設在腳底。

第二十九章　命門

　　顧名思義，即「生命之門」；可知它對人生命之延長的重要性。它不單一是腧穴，古人把它作為內臟來論。它位於兩腎之間，得兩腎精華滋養。腎中之氣稟於父母之精，是生命之本。左腎為陽，屬為火。右腎為陰，屬為水。故命門又被稱為水火之宅。它與丹田前後相應，又為元氣之根。隨著年歲成長，元氣逐漸損耗，身體也隨之衰弱變老。它所出現的病症都與腎氣不足或損害有關，腰酸無力即是常見的症狀之一。其實這是身體給自己腦部的一個警告訊號，要注意自己的虧損。平時我們不但要注意起居飲食、勞逸適當，並需補充虧損的精氣。自我按摩兩腎、命門與丹田，都是彌補精氣的方法中的一種。腎氣充足，健康才有保障，青春才會常在。

動作：

一、按摩兩腎，取坐姿，雙手微握拳，姆指與食指形成圓形，按貼在左右腰上，作圓形狀按摩，輕重適度，會產生溫熱感。兩拳同時先向上，左拳向左，右手向右，同時向下；左拳向右，右拳向左，同時向上，各劃一圈，共三十六次。

二、左右兩手形狀不變，握拳分置兩腰上同時推向命門為一次，共三十六次（再從命門推還至原點）

三、右手指按貼在命門上，左手指按貼在右手指上助其力。

四、向下推至長強穴，然後再推回至命門，為一次，共八十一次。

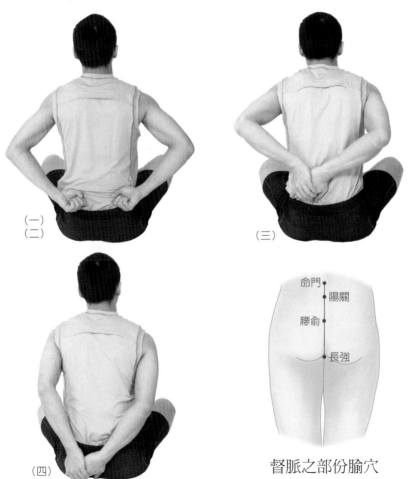

（一）
（二）

（三）

（四）

督脈之部份腧穴

命門
陽關
腰俞
長強

第三十章　臀部

作法：

有利於防治泌尿系統疾病，尤其是婦科病。詳細參考經脈圖與穴位說明。

兩手掌指按貼在左右臀部上端，兩小指側並靠，向下按擦至臀部下端，再向上回 至始點為一次。

動作：

一、兩手掌按貼在脊節兩側。

二、直線向下按摩至臀部底。

三、沿原路線向上按摩至原點為一次，共八十一次。

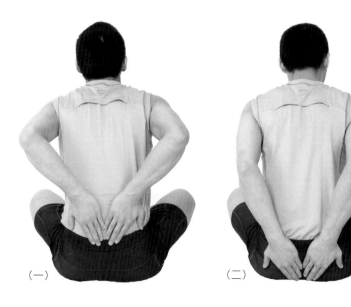

（一）　　　　　　　　　（二）

關元俞：泄瀉、腰痛

小腸俞：小腹脹痛、遺溺、痢疾

膀胱俞：遺溺、腰脊強痛

中膂俞：痢疾、腰脊強痛

白環俞：遺精、月經不調、白帶、腰髖痛

上　　：帶下、小便不利、陰挺（注一）、腰痛

次　　：月經不調、帶下、腰痛

中　　：月經不調、帶下、小便不利、腰痛

下　　：小便不利

會　陽：帶下、痔瘡

承　扶：腰骶股部痛

注解：

陰挺：子宮脫垂。

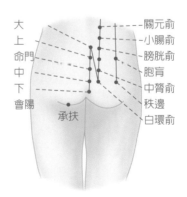

督脈

長強：便血、痔疾、腰脊痛

腰俞：月經不調、腰脊強痛

陽關：月經不調、遺精、腰痛、下肢痿痺

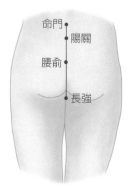

奇穴中的

腰眼：腰痛、腎下垂、婦科病

腰奇：癲癇

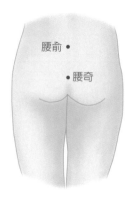

健康與運動
09

無極氣功按摩術

作者	何　南　傑
企劃編輯	吳　怡　芬
文字整理者	曾　慧　青
美術編輯	徐　世　昇

發行人　陳　銘　民
發行所　晨星出版有限公司台北編輯室
台北市106羅斯福路二段95號4F-3
TEL:(02) 23620993　23620953　FAX:(02) 23691275
E-mail:service-taipei@morningstar.com.tw
http://www.morningstar.com.tw
行政院新聞局局版台業字第2500號

法律顧問　甘　龍　強　律師
印製　知文企業（股）公司　TEL:(04)23581803
初版　西元2006年5月

總經銷　知己圖書股份有限公司
郵政劃撥：15060393
〈台北公司〉台北市106羅斯福路二段95號4F之3
　　　　　　TEL:(02)23672044　FAX:(02)23635741
〈台中公司〉台中市407工業區30路1號
　　　　　　TEL:(04)23595819　FAX:(04)23597123

定價　250　元
（缺頁或破損的書，請寄回更換）
ISBN 957-455-999-8

國家圖書館出版品預行編目資料

無極氣功按摩術／何南傑著

初版.－－臺北市：晨星, 2006 [民95]
　　面；　公分，　　（健康與運動；09）

ISBN 957-455-999-8（平裝）

1. 長生法 2.健康法

528.972　　　　　　　　　　　　95001126

407
台中市工業區30路1號
晨星出版有限公司

更方便的購書方式：

(1) **網　　站** http://www.morningstar.com.tw

(2) **郵政劃撥** 戶名：知己圖書股份有限公司　帳號：15060393
　　　　　　請於通信欄中註明欲購買之書名及數量。

(3) **電話訂購** 如為大量團購可直接撥客服專線洽詢。

◉如需詳細書目可上網查詢或來電索取。

◉客服專線：(04)23595819#232　傳真：(04)23597123

◉客服電子信箱：service@morningstar.com.tw

◆讀者回函卡◆

讀者資料：

姓名：＿＿＿＿＿＿＿＿＿＿＿　　性別：□ 男　□ 女

生日：　／　／　　　　　身分證字號：＿＿＿＿＿＿＿＿＿＿

地址：□□□＿＿＿＿＿＿＿＿＿＿＿＿＿＿＿＿＿＿＿＿

聯絡電話：＿＿＿＿＿＿＿＿＿（公司）＿＿＿＿＿＿＿＿＿（家中）

E-mail ＿＿＿＿＿＿＿＿＿＿＿＿＿＿＿＿＿＿＿＿＿＿

職業：□ 學生　　　□ 教師　　　□ 內勤職員　□ 家庭主婦
　　　□ SOHO族　□ 企業主管　□ 服務業　　□ 製造業
　　　□ 醫藥護理　□ 軍警　　　□ 資訊業　　□ 銷售業務
　　　□ 其他＿＿＿＿＿＿＿＿＿

購買書名： ＿＿＿＿＿＿＿＿＿＿＿＿＿＿＿＿＿＿＿

您從哪裡得知本書： □ 書店　　□ 報紙廣告　　□ 雜誌廣告　　□ 親友介紹
□ 海報　　□ 廣播　　□ 其他：＿＿＿＿＿＿＿＿＿＿

您對本書評價：（請填代號 1. 非常滿意　2. 滿意　3. 尚可　4. 再改進）
封面設計＿＿＿＿版面編排＿＿＿＿內容＿＿＿＿文／譯筆＿＿＿＿

您的閱讀嗜好：

□ 哲學　　□ 心理學　□ 宗教　　□ 自然生態　□ 流行趨勢　□ 醫療保健
□ 財經企管　□ 史地　　□ 傳記　　□ 文學　　　□ 散文　　□ 原住民
□ 小說　　□ 親子叢書　□ 休閒旅遊　□ 其他＿＿＿＿＿＿＿＿＿

信用卡訂購單（要購書的讀者請填以下資料）

書　　　　名	數　量	金　額	書　　　　名	數　量	金　額

□VISA　　□JCB　　□萬事達卡　　□運通卡　　□聯合信用卡

•卡號：＿＿＿＿＿＿＿＿＿＿＿　•信用卡有效期限：＿＿＿年＿＿＿月

•信用卡背面簽名欄末三碼數字：＿＿＿＿＿

•訂購總金額：＿＿＿＿＿＿＿元　•身分證字號：＿＿＿＿＿＿＿＿

•持卡人簽名：＿＿＿＿＿＿＿＿＿（與信用卡簽名同）

•訂購日期：＿＿＿＿年＿＿＿＿月＿＿＿＿日

填妥本單請直接郵寄回本社或傳真(04)23597123